U0081621

文學風華——

戰後初期13著名女作家

應鳳凰 著

序

展現文學風華

　　本書介紹戰後臺灣一九五〇年代活躍於文壇的十三位著名女性作家。透過各家生平與作品的描述，不同文學風格的對照，既展現她們亮麗的文學成果，文學史上的重要地位，也藉著結集成書的機會向這群優秀作家致敬。

　　五〇年代是戰後臺灣文學「風起雲湧」的第一個十年，大批來自大陸的作家在物資艱困的環境下辛勤筆耕，不僅成就一段「戰鬥文藝」的文學高潮，更催生隨後一股流行於六、七〇年代的「現代派」文學潮流。於這兩股潮流之外，五〇年代女作家接受五四運動洗禮，她們輾轉來台後，憑著豐厚的才情與細膩的特質，在臺灣文壇開發出專屬於女性的文學空間，比同時期男作家更注重眼下這塊土地，題材更多元，視野更開闊。

　　筆者衷心期盼這份豐富的文學饗宴，能與愛好文藝的年輕人分享，也期待廣大讀者與研究者對當代女作家投以更多關注。於是站在推廣臺灣文學的立場，根據手上收集的圖書資料，加上過去對部分作家的採訪印象，又得到幾位研究生的協助，逐漸整理出一系列早期女性作家：張秀亞、琦君、聶華苓、潘人木、徐鍾珮、謝

冰瑩、孟瑤、張漱菡、林海音、鍾梅音、郭良蕙、艾雯、劉枋等十三位，細數她們的生平與創作歷程，代表作品的介紹與賞析，期望更多人認識這群優異的女作家，進而領略她們所創造的一代文學風華。

　　本書得以完成，要感謝成功大學台文所幾位研究生的辛勞：沒有鄭秀婷、黃恩慈兩位，這些篇章不能如期寫成；沒有陳芳莉、洪婉婷的掃圖與校對，不能如此圖文並茂。更要感謝《明道文藝》陳憲仁社長讓這些篇章逐期在雜誌上連載；從來編輯是書籍完成的主力推手，向他的耐心與寬容表達萬分謝意。最後，願把這本小書獻給所有在臺灣土地上孜孜筆耕的女作家。靠著她們，才撐起臺灣文學的半邊天——而且是更好的一半。

目錄

第一章

張秀亞
——在文字草原裡尋夢的牧羊女

張秀亞，一個陪伴許多文學青年成長的名字，在她秀麗的文筆下創造出具有夢幻色彩的《三色菫》、《北窗下》、《尋夢草》、《牧羊女》，不僅撫慰了許多讀者的心靈，也奠立下臺灣女性散文的抒情典範，終其一生她在文學世界當一個尋夢的牧羊女。

早慧的文學少女

崛起於五〇年代臺灣文壇的張秀亞，1919年9月16日出生於河北省滄縣。自幼受文學薰陶，四歲即開始認字。七歲時舉家遷天津後，入天津貞淑小學就讀。九歲時因大量閱讀各種文藝刊物，逐漸開啟小秀亞創作的興趣，始於各大報紙之兒童周刊發表文章。1932年以優異成績考入頗負盛名的河北「省立第一女子師範學校」，與作家羅蘭、王怡之為同窗好友。求學期間成績優異，曾

張秀亞的素描圖
翻攝自于德蘭編《甜蜜的星光》

初中三年級時的張秀亞（當時已開
始在華北各大報文學副刊寫稿）
翻攝自于德蘭編《甜蜜的星光》

獲得全省師範會考第三名。此時的張秀亞在師長的鼓勵及自我的期許之下，開始以「陳藍」、「張亞蘭」的筆名發表文藝創作，在女師前三年頻頻向天津《大公報》文藝副刊投稿時，受到名作家沈從文及主編蕭乾的鼓勵。十五歲更常發表詩作於校刊，成為同學口中的「小小詩人」。高中時代出版第一本散文小說合集《大龍河畔》，贏得「北方最年輕作家」的稱號。1937年，寫成八千字散文〈尋夢草〉，發表於10月21日大公報散文特刊，與名作家何其芳散文同版刊出，當時她還是十八歲的中學生。而更巧合的是，在數年後的張秀亞憑著自己的努力及才學，被稱作傳承何其芳美文風格的女散文家。

高中畢業後以學年考試第一名，順利考入北平輔仁大學中文系。次年因興趣之故，轉入西洋語文學系，主編大學文學季刊《文苑》及週刊《輔仁生活》。於閒暇之時，翻譯文藝作品以資練習，促成往後翻譯外文作品的契機。1942年大學畢業，同年考入

輔仁大學研究所史學組，先後任職大學的編譯員、講師。1943年抗戰軍興遷居重慶，並擔任重慶《益世報》文藝副刊《語林》主編，兼任該報社論委員。同年張女士與于通（犁伯）完成終身大事。抗戰勝利後，重返母校任教。

張秀亞大學畢業照
（北平輔仁大學西洋語文學系畢業）
取自國家圖書館「當代文學史料影像全文系統」

教書、創作並行的來台生活

抗戰時期的1943年，她與于犁伯在重慶結婚，戰時生活艱苦，婚後仍繼續工作，生有一子一女。工作之餘相夫教子，她身兼數職並無怨言。1949年國共內戰時局不穩，丈夫在後方工作，遂要求她攜子女先行赴台。來台之後，夫婦兩地隔絕，加以種種外在因素，讓她過著有名無實的婚姻生活。她在臺灣一人埋首創作，為擔負家計擔任教職二十五年，先後曾在台中靜宜英專、台北輔仁大學研究所任教，主講「文藝寫作」及「英美文學研究及翻譯」，也曾應邀任美國新澤西州西東大學講座。長時期兼任嚴父與慈母，獨立撫養子女長

任教於台北輔仁大學時
翻攝自于德蘭編《甜蜜的星光》

大成人，兒女均受完高等教育，也分別在美國成家立業。

　　然而生活的艱辛，並未減滅她對文學創作的熱愛。在大陸時期已出版四本小說，來台之後創作更加勤奮，再加上生活的磨練及婚姻的不完滿，更因此增添其作品的深度，其著作有詩集《水上琴聲》，散文集《三色菫》、《牧羊女》、《愛琳的日記》、《北窗下》、《湖上》，小說集《尋夢草》、《七弦琴》，加上翻譯與合集選集等總計六十餘種，三十年間不但著作等身，也獲獎無數如：中國文藝協會首屆散文獎、婦聯會新詩首獎、中央婦女工作會首屆文藝金質獎章、中山文藝獎散文獎等。直到新世紀的2001年，仍獲台北中國文藝協會頒發的「終身成就榮譽獎章」。

　　除了教學與創作之外，她也積極參與宗教活動，在譯述方面成果豐碩，翻譯出版教會著作多種，如《同心曲》、《聖誕海航》、《露德百年紀念》、《現任的教宗（教宗二十三世）心曲笛韻》、《恨與愛》、《友情與聖愛》

早期與子、女合照
取自國家圖書館「當代文學史料影像全文系統」

等。其中《心曲笛韻》、《恨與愛》、
《回憶錄》、《改選世界》、《聖女之
歌》等書都再版多次。張女士為一虔誠
天主教徒，其作品中從不諱言其自身的
宗教信仰，並深以為天主教徒為榮。她
早期的許多暢銷作品均由光啟出版社出
版。

女性抒情散文之典範

　　張秀亞的抒情作品從戰後五〇年代
起，便陪伴著當時無數青年讀者成長，
散文集《北窗下》在數年之內印行二十
幾版，可見它受歡迎的程度。剛踏入文
壇的文藝青年，多將其作品奉為經典，
日夜誦讀，因而深刻影響了許多後來寫
作有成的文壇後進，如：喻麗清、呂大
明等女性散文作家。喻麗清就曾以〈北
窗下的牧羊女〉一文說明她與張秀亞之
間的師承關係。

　　張秀亞文藝創作開始得很早，與
同輩作家林海音一樣，都崇拜欣賞京派
女作家凌淑華及英國意識流作家吳爾

大學受洗禮後，張秀亞（中右一）與神父師
長及好友陳尚琛（中右二）等合影
翻攝自于德蘭編《甜蜜的星光》

《北窗下》，張秀亞最暢銷的散文作品
作者翻拍

芙等，並從中吸取創作養份。高中剛畢業的張秀亞，就曾親自上北京拜訪她心目中的大作家凌淑華。就文學創作觀而言，她認為寫作取材可大可小，但要從小處著手、往大處著眼；微小的題材，經過創作者的慧心詮釋和妙筆描繪，一定能寫出人性的光輝和宇宙間的真理。她說過：「自生活的最細微處，反映出那顛撲不破的真理」。她早期寫作題材，多屬幻思夢想等個人悲喜，風格雋逸空靈，透發著濃重的傷感與幽怨，字裡行間帶一種煙水迷離的韻緻。而在經歷人生種種磨難的中年之後，寫作文風逐漸貼近現實，更注重真實生活所能帶來的啟發，擅長於微小的日常瑣事中見微知著，從一粒細砂，一片花瓣，一點星光，繹尋出對人生的深厚啟示。

她的散文婉約優美，更善於用象徵手法創造意境，形成一種朦朧而空靈的美感，詩人瘂弦認為這是接續何其芳散文的「美文筆法」，瘂弦說：「張秀亞作為承繼他的美文傳人，臺灣文壇不作第二人想。」而張瑞芬從臺灣女性散文史的角度觀察，認為其文章風格，正好是融合「文人傳統」、「中國想像」、「女性特質」三者合一的抒情美文，堪稱臺灣女性散文「古典書寫傳統」之典範。

張秀亞作品橫跨新詩、散文、小說、翻譯四大領域，而以散文創作最受人注目。而她小說處理的，也多半是淒迷如夢的愛情故事，流貫其間的，也仍是作者一份詩意的憂鬱之情。比起小說，其散文主題的面向較廣：從五〇年代「平凡、素樸而詩意化的」文字鋪陳，到六〇年代展現生活中「最細微瑣碎卻顛撲不破的真理」；七〇年代因厭倦都市生活而歸趨田園的平淡風格，至八〇年代的「回顧歷來創作的足跡」。劉登漢編著的《現代臺灣文學史》分析張秀亞的散文創作技

巧，認為她以「虛實結合、意象動人」的手法，「抓住帶有本質特徵的細節加以重點刻畫，反覆宣染，以盡其意。」

　　張秀亞作品以《三色菫》、《北窗下》、《曼陀羅》、《牧羊女》最受讀者喜愛，不僅在兩岸及華文世界暢銷一時，其中一部份更編入臺灣中學及大學國文教材中，數十年來對華文文壇有深遠影響，美國三所大學曾以「張秀亞」作為專題研究。雖然散文技巧日新月異，但張秀亞溫婉的散文風格，仍常存於讀者的心目中。張女士晚年移居於美國與兒女同住，於2001年6月29日，病逝於美國加州橙縣醫院，享年83歲。

張秀亞訪美家居照
翻攝自于德蘭編《甜蜜的星光》

張秀亞年表

年份	年齡	事　蹟
1919	1	9月16日出生於河北省滄縣。
1923	4	隨父仕宦於河北邯鄲縣。此地為戰國時代之名城。
1926	7	全家遷居天津，入小學肄業。
1928	9	北伐成功。 得大量購存良好之兒童讀物及文藝書刊。開始發表習作於各大報紙之兒童周刊。
1932	13	小學畢業，考入當時最負盛名之北方女子學府，省立第一女師，與女作家羅蘭、王怡之為同窗好友。 在學期間獲得全省師範會考第3名。
1935	16	受師長朋友鼓勵開始以「陳藍」、「張亞藍」二筆名發表作品於《益世報》的〈文學週刊〉及〈國聞週報〉。 9月16日，於天津《大公報》的文藝欄發表詩作，是為張秀亞創作的開端。 第一首發表新詩之作為〈夜歸〉。（現已收入新詩集《秋池畔》中，得稿費銀洋八元。）
1937	18	將數十年來之習作結集，時讀師範二年級一相當於高中二年級。 出版《青苔詩集》，天津：出版社。 出版散文和小說集《大龍河畔》，天津：北方文化流通社。
1938	19	考入輔仁大學，據當時評閱考卷、來台後執教台大、輔大之載君仁老師告言：國文一科之分數，為該屆全體考生之冠，誤打誤撞入文學系就讀。
1939	20	學年成績為全班第一名。轉入西洋文學系就讀。 主編中文藝季刊《文苑》及生活週刊《輔大生活》。 得暇並翻譯文藝稿件以資練習。 出版第一部中篇小說《皈依》，北平：保祿書局。 翻譯《同心曲》，香港：天主教真理教會。
1940	21	出版第二部中篇小說《幸福泉源》。 冬天完成340行長篇敘事詩〈水上琴聲〉，發表於輔仁《文苑》。（現收入詩集《秋池畔》）。 翻譯《聖誕海航》，香港：天主教真理教會。
1941	22	出版小說《幸福的泉源》，北平保祿。
1942	23	畢業於輔仁大學，並考入該校研究所史學組。同時應聘為校中編譯員

1943	24	不堪日偽壓迫，間關入蜀，擔任《益世報》副刊編輯，為當時各大副刊編輯中最年輕者。 第一次發表作品於該報副刊時為民國二十四年（1935年），時隔八年，竟得編輯該報刊，可謂巧合。 與于通（犁伯）先生於重慶結婚。 出版《珂羅佐女神》小說集，重慶：紅藍。
1946	27	勝利還鄉，任教輔仁大學。
1948	29	渡海來台。
1949	30	以長詩「她啊，我們的好母親」獲婦聯會新詩徵文首獎。
1952	33	6月，出版在台第一部文集《三色菫》，台北：重光文學。 翻譯《聖女之歌》，香港：新生。
1953	34	9月，出版小說《尋夢草》，台北：商務印書館。 出版散文集《牧羊女》，台北：虹橋。 應《中央日報》武月卿之邀自本年12月3日開始在〈婦週〉發表文章，至隔年12月29日刊完，共28篇，後經刪減出版為《凡妮的手冊》。
1954	35	1月，出版小說《七弦琴》，高雄：大業。
1956	37	1月，出版小說集《感情的花朵》，台北：文壇。 12月，出版詩集《水上琴聲》，彰化：樂天。 出版散文集《凡妮的手冊》，高雄：大業。
1957	38	出版散文集《懷念》，高雄：大業。
1958	39	任台中靜宜英專教授。 5月，出版散文集《愛琳日記》，台北：三民書局。 7月，出版小說《女兒行》，（《女兒行》增訂版）台中：光啟社。 翻譯《露德百年紀念》，台中：光啟社。（與雷文炳合編）
1959	40	翻譯《心曲笛韻》，台中：光啟社。 翻譯《現任的教宗是誰》，台中：光啟社。
1960	41	獲中國文藝協會首屆散文獎章。 11月，出版散文集《牧羊女》，台中：光啟社。 翻譯《愛與恨》，原著莫瑞亞珂，台中：光啟社。
1961	42	8月，出版散文集《少女的書》，婦友月刊社。 10月，出版散文集《兩個聖誕樹》，台中：光啟社。 翻譯《友情與聖愛》，台中：光啟社。

1962	43	中央婦工會首屆文藝金獎章。 5月，出版散文集《北窗下》，台中：光啟社。 翻譯《回憶錄—聖女小德蘭》，台中：光啟社。
1963	44	與法籍學者雷神父合撰《西洋藝術史綱》。 翻譯《改造世界》，台中：光啟社。
1964	45	出版散文集《張秀亞散文集》，高雄：大業。 出版散文集《張秀亞選集》，高雄大業出版社。（選自《七弦琴》《凡妮的手冊》《懷念》） 論述《西洋藝術史綱》，台中：光啟社。（與雷文炳同撰）。
1965	46	輔仁於台復校，返回該校教授新文藝。 5月，出版第29本作品散文集《曼陀羅》，台中：光啟社。
1966	47	12月，出版詩集《秋池畔》，台中：光啟社（《水上琴聲》之增訂版）。
1967	48	3月，出版散文集《湖上》，台中：光啟社。 6月，出版散文集《我與文學》，台北：三民書局。 翻譯《愛火炎炎—拯亡會會祖主顧瑪琍亞傳》，台中：光啟社。
1968	49	以《北窗下》一書獲得首屆中山文藝獎。
1969	50	7月，出版小說《那飄去的雲》，（《女兒行》增訂版）台北：三民書局。 9月，出版散文集《心寄何處》，台中：光啟社。
1970	51	擔任母校輔仁大學文學研究所教授，講授「英美文學研究與翻譯」。 1月，出版小說《藝術與愛情》，台北：三民書局。 6月，出版散文集第39本作品《書房一角》，台中：光啟社。 10月，出版散文小說合集《張秀亞自選集》，台北：皇冠出版社。
1971	52	翻譯《在華五十年—陶明修女傳》，台中：光啟社。
1972	53	翻譯《在華五十年—陶明修女傳》，台中：光啟社。 翻譯《狐狸與金嗓子》，台北：國語日報。 翻譯《論藝術》，台北：大地出版社。
1973	54	赴美考察文教，並在西東大學講學。 2月，出版散文集《水仙辭》，台北：三民書局。 7月，出版散文集《天香庭院》，台北：先知。 翻譯《自己的屋子》，台北：純文學。
1974	55	翻譯《聖女之歌》，台北：大地。
1975	56	散文集《秀亞自選集》，台北：黎明。

1977	58	出版作品及譯品已近六十部，詩文曾被譯為韓文、法文、及英文，美國三所大學更以「張秀亞」作為專題研究。
1978	59	6月，出版《人生小景》，台北：水芙蓉。 6月，散文和小說合集《我的水墨小品》頁，台北：道聲。 8月，論述《寫作是藝術》，台北：東大。 9月，論述《詩人的小木屋》，台中：光啟社。
1979	60	7月，出版《湖水秋燈》，台北：九歌。 10月，出版《石竹花的沉思》，台北道聲出版社。
1981	62	7月增訂版出版《三色堇》，台北：爾雅。 7月，出版散文集《白鴿‧紫丁花》，台北：九歌。
1984	65	6月，出版散文集《海棠樹下小窗前》香港：星島。 9月，出版散文集《愛的輕歌》（原名為《凡妮的手冊》），台北：論壇。
1985	66	12月，出版散文集《杏黃月》（原名為《懷念》），台北：林白出版社。 再版《人生小景》，台中晨星出版社。
1987	68	4月，出版詩集《愛的又一日》，台北：光復。 出版散文集《張秀亞作品選》，西安：陝西。
1993	73	再版《杏黃月》，湖北：長江文藝。
1995	75	再版《石竹花的沉思》，北京：群眾。
1996	76	移居美國與子女團聚居住。 出版散文集《月依依》，北京：人民日報。
1998	78	出版文集《張秀亞人生感情散文》，長沙：湖南文藝。
2000	81	再版翻譯《自己的房間》（原《自己的屋子》），台北：天培。
2001	82	6月4日與世長辭。
2002	83	出版散文精選集《與紫丁香有約》，台北：九歌。
2003	84	于德蘭編：《甜蜜的星光——憶念張秀亞女士的文學與生活》（上下冊），台北：光啟社。
2004	85	3月，封德屏主編《張秀亞全集》（共十五卷），台南：國家臺灣文學館。

【延伸閱讀】

1. 《北窗下》，台中光啟出版社，1962年
2. 《三色菫》，台北爾雅出版社，1981年。
3. 《甜蜜的星光——憶念張秀亞女士的文學與生活》（上下冊），于德蘭編，光啟文化事業公司，2003年。
4. 夏祖麗：〈張秀亞在享受人生〉，《婦女雜誌》第27期，1970年12月，頁44-45。
5. 瘂弦：〈把文學的種子播在臺灣的土地上〉，《文訊》月刊，2001年12月，頁91-92。

第二章

琦君

—溫柔敦厚，錦心繡手

琦君，一個感動各個世代的名字，她的作品含括小說、散文、評論、兒童文學，讀其書如其人親臨身邊，「真實不造作」的親切風格使她風靡文壇五十年而不衰，《琴心》、《桂花雨》、《橘子紅了》皆是膾炙人口的作品，也是琦君一生經歷的心靈寫照。

難忘的童年經驗

琦君，原名潘希珍，1917年7月24日生於浙江永嘉縣瞿溪鄉，幼時父親將她托給奶娘照顧，混在鄉村雞鴨群裡長大，自小與雞對望，因此常被啄得滿臉傷還滑成了滑稽突梯的鬥雞眼，又因為沒有人同她講話，只有一隻大黃牛鎮日「哞哞」地叫，因此琦君到了三歲還不會說話，見了人只會「哞」。琦君學語的啟蒙老師是夏承燾先生，其筆名「琦君」便是因夏老師取其「希世之珍琦」

琦君的素描圖
翻攝自琦君《琦君自選集》

中學時代的琦君在杭州蔣莊
翻攝自隱地編《琦君的世界》

的「琦」字來稱呼她，再加上禮貌性的敬稱「君」字，促成了「琦君」這個有特別意涵又可紀念恩師的筆名。

琦君家學淵博，自小由父親帶領七歲就開始讀唐詩、詩經、習字，在耳濡目染的情況下，培養了濃厚的國學素養，並且喜歡偷看《三國演義》等武俠、言情小說，啟發她對文學創作的興趣。十一歲時，在北平的哥哥去世，琦君以文言文寫〈祭兄文〉，又以白話寫〈哭哥哥〉，白話文一篇被堂叔稱讚有加，於是開啟她寫語體文的契機。十二歲時進入「女學堂」就讀，一位外國女老師韋先生給她無比愛的教育。十四歲時，開始接觸西式教育進入弘道女中就讀，十七歲成績優秀直升高中部，在此時期琦君雖在父親督導下研讀《通鑑》，然而好求知的她，暗中讀著新舊小說，同時受到新舊文學的洗禮；中學時因常作文言文，被同學稱為「文學大將」，但投稿報紙副刊卻慘遭退稿，高中時經國文老師的耐心鼓勵，由回憶文入手，成了校刊及報紙副刊的常勝軍。

二十歲時轉考之江大學中文系，並碰到一生的恩師江南大詞人夏承燾先生，他常引領學生欣賞大自然，憑個人興會領略作品，就個人性向寫出自己真性情的作品，這樣耳濡目染之下，影響了琦君一生樸實無華、淡雅雋永的寫作風格。

琦君的第一本散文、小說合集
（由梁雲坡先生設計封面）
作者翻拍

　　琦君一歲喪父，四歲喪母，由伯父潘國綱先生扶養長大，潘國綱先生是一位大將軍，伯母則是一位擁有傳統容忍美德的中國女性，他們倆便是琦君在文章中稱為父親與母親的人。由於父母是指腹為婚的，所以兩人的個性天南地北，相處並不融洽，而且父親甚至在母親三十歲生日時帶回一個姨娘，傷透了母親的心，這個姨娘打扮新潮，又懂得收買人心，因此很得父親及僕人的喜愛，自從姨娘來了之後，琦君便常見母親獨自坐在房中哭泣，不過母親依然對父親千依百順，容忍父親對她的冷落，她不怨恨，只是默默地承受。這些家庭恩怨的記憶經常出現在琦君的文章中，《琴心》、《紅紗燈》、《永是有情人》中對於父親、母親、姨娘的三角關

係，都有細膩的描寫，琦君的名作〈髻〉對於母親及姨娘的差別的描寫更顯示出琦君對母親的心疼。

遷台後當「官」、教書並行的生活

　　大學畢業後，琦君任教於上海匯中女中，後由高中國文教員的身分轉入高等法院認通譯書記官。1949年來台後，繼續任職在高檢處任書記官，之後轉任為司法行政部編審科長，可說是大半生都在司法界服務。琦君認為，從事寫作的人應該多多擴展生活領域，培養悲天憫人的同理心，在司法界工作正好給了她這個獨一無二的機會。於是在這段期間，她曾造訪全省監獄的受刑人，發現了許多感動人心的故事，琦君將這些感人的故事寫成小說、廣播劇，同時也寫了唯一一部社會寫實小說《繕校室八小時》。林秀蘭評論此書：「《繕校室八小時》一書具有濃厚的時代意識，深刻反映出臺灣在六〇年代的社會氛圍，與琦君的其他作品大異其趣。」可見司法工作對她創作的影響。

　　除了從事司法工作外，琦君同時也在學校授課，最初在淡江英專，繼而在世界新專、文化學院。1975年受到同為作家的孟瑤之邀，到中興大學兼課。1980年自美返台，又再度任教於中央大學中文系。由於國學底子深厚，先後教過詩經、楚辭、史記、歷代文選等。所教的學生無數，甚至有明星盧燕，真情摯懷的琦君更在當時寫了一首贈別詩給盧燕。彭歌曾在〈東方的寬容〉一文說到琦君教書的功力：「很多學生都說，聽過她的課以後，才更喜歡中國文學。」琦君在教書上下的苦心，深得學生的心。我們可以如是說，不論是司法界、教

育界，琦君從事都是與人交流的工作，也因為她的真誠感動了更多的受刑人及學生。

琦君來台後因雙親已逝，離鄉背井之下內心倍感寂寞，因此親友紛紛鼓勵她寫作投稿，散文〈金盒子〉在中央副刊順利刊出之後，又得文壇前輩蘇雪林及謝冰瑩的鼓勵，她便努力不懈地在副刊及雜誌投稿。琦君的夫婿李唐基先生在報紙上看到〈金盒子〉一文而對琦君心生仰慕之情，因緣際會之下兩人便結成連理，他是琦君最忠實的讀者，也是琦君的精神支柱。

琦君留影於寫稿的書房
翻攝自隱地編《琦君的世界》

琦君著作甚豐，創作力旺盛，作品以散文為主，共計出版二十多本，間有短篇小說的出版，偶也發表兒童小說、兒童翻譯小說及古典詞作賞析，曾獲中國文藝協會散文創作獎章、中山學術基金會文藝創作散文獎、國家文藝獎等，也曾多次受邀訪美，作品並且被翻譯成美、日、韓文，深受海內外讀者的喜愛，這些殊榮並未使她自得意滿，反而讓她更加牢記恩師的訓誨，寫作時「情

琦君和夫婿李唐基先生於作家亮軒書房中合影
翻攝自隱地編《琦君的世界》

莊因、水晶、琦君和美麗、與路一沙夫婦合影
（圖右至左）翻攝自隱地編《琦君的世界》

要真，義要深，文要精，格要新」的原則。

　　1977年因夫婿工作需要，琦君隨夫移居美國，在異地她仍然持續寫作，文章中除了對臺灣的思念之情外，異國情調也成了她豐富的寫作題材之一，加深她寫作的深度及廣度，在《媽媽銀行》中對於旅居心情多所著墨。琦君雖身在美國，但對臺灣卻一直念念不忘，終於在2004年返台定居淡水，她並承諾會繼續創作。

懷舊文學的翹楚

　　琦君的散文多為懷舊文，寫來真實自然，不經雕琢，作者將自己化身為六歲的小女孩，緩緩講述童年記憶，講的是市井小人物，卻又於平淡中寓含道理，鄭明娳曾言：「潘琦君的散文，無論寫人、寫事、寫物，都在平常無奇中含韻至理，在清淡樸實中見出秀美；她的散文，不是濃妝豔抹的豪華貴婦，也不是粗服亂頭的村俚美女；而是秀外

慧中的大家閨秀。」李又寧更認為琦君作品之所以成功，乃是因為：「琦君具有學不來的秉質，那是她的真摯敦厚。她的文章自然生動、細膩婀娜，充滿了對世人和萬物的關愛。她不但用至誠、至愛、至敬描繪她的母親、父親、師長，用幽默和風趣寫她的先生和兒子，就是乞丐頭子三劃阿王和嗜賭遊手肺肝叔，在她筆下，也都是栩栩如生，可敬可愛。……在人海中，她隨處尋覓溫暖、記述溫暖，散播溫暖和安慰。她的文一如其人，親切而極富人情味。」家庭、恩師、友情是她作品中最常出現的題材，也是她生命的泉源，《煙愁》、《琦君小品》、《紅紗燈》、《三更有夢書當枕》、《桂花雨》皆是值得一讀的作品。

　　小說方面，琦君曾自言「不擅於想像、不會編故事，只能寫樸素的自傳性小說」，果然其小說創作以短篇小說為主，集結出版了《菁姐》、《百合羹》、《繕校室八小時》、《七月的哀傷》、《錢塘江畔》等五本，還有中篇小說《橘子紅了》，風格大抵維持她散文的特色，以「情」筆描寫人事之「情」，澄明清新，強調人性的光明面，題材也不脫家庭、生活。另外，《橘子紅了》描寫傳統社會婦女的悲哀，批判封建的觀念，揭示男女平等的必要性，極具戲劇張力，並被改編為電視劇，紅極一時。琦君在小說中呈現較多思考情與愛、惡與善、美與永恆的哲理問題，雖主題是懷舊的，但多半寓寄著生命的省思。五〇年代的小說作品，較為肯定人性光明的一面，並對單純的情愛寄予希望。後期的作品，則對人類的惡及衝突有較多正面的描寫，反倒更能展現真實的「人性」。除此之外，對於女性角色的偏愛，也是她小說的特色所在。琦君小說中的主角大多是：1、女性；2、身處

琦君作品《橘子紅了》
作者翻拍

在林海音（右二）家裡與歐陽子（右一）
與丘彥明（左一）合照
翻攝自隱地編《琦君的世界》

情愛或家庭關係中。不論是傳統或現代她都試著去解讀她們的處境。

對於琦君的作品，論者皆公認其文字宛如行雲流水，如綠野田園，使人流連往返，應接不暇！語言含蓄精鍊，匠心獨運，無累贅繁複之感，感情溫柔敦厚，處處透露著高雅的氣韻，以自然之事，寫真實之情，無怪乎林海音說琦君「一生兒愛好是天然」。

琦君於2006年6月7日凌晨4點45分病逝於和信醫院，家屬隨侍在側，享年九十歲；其家屬和朋友決定在19日上午8點30分，於台北第二殯儀館懷恩廳舉行公祭，送這位受大小朋友喜愛、又在臺灣文學上有重要貢獻的作家最後一程。

琦君年表

年份	年齡	事　蹟
1917	1	7月24日，出生於浙江永嘉縣瞿溪鄉。
1921	5	家庭教師葉老師開始教方塊字「人手足刀尺……」。
1923	7	開始學讀詩經、唐詩。
1924	8	讀《女論語》、《女誡》、《孟子》。背得不完全，時常挨罵。 讀香煙洋片背後的故事，聽堂叔講《三國》，對歷史故事發生興趣。
1925	9	讀《論語》、唐宋古文、《左傳》，學作文。
1926	10	偷看武俠、言情等小說。 葉老師特准看《三國演義》及《東周列國誌》指定部分，但要寫感想。
1927	11	在北平的哥哥去世，以文言文寫〈祭兄文〉，又以白話寫〈哭哥哥〉，堂叔說白話的寫的更真。
1928	12	經堂叔指點開始寫語體文。 遷居杭州。
1930	14	考入弘道女中。國文名列前茅，英文算數不及格。
1932	16	初中部作文比賽第一名，國文英文皆名列前茅，被同學封為「文學大將」，頗沾沾自喜。
1933	17	試寫〈桃花開了的時候〉小說一篇，投稿浙江東南日報副刊被退回。 免試直升高中部。暑假中由父親督促重溫左傳、史記，並讀通鑑，更暗中讀新舊小說甚多。
1934	18	高一導師命寫〈煙鬼下場〉應徵，以佳作入選，得稿紙二刀，鉛筆半打。
1935	19	國文老師鼓勵耐心作文，從回憶文入手。寫了〈童年瑣記〉又將〈桃花開了的時候〉改寫，均被選入壁報與學校年刊。 〈我的朋友阿黃〉，投稿浙江青年，被刊出。 當選為學生自治會學術股長，主辦演講會、辯論會等，為學生時代最輝煌時期。
1936	20	高中畢業（經過會考）直升之江大學中文系。
1937	21	中文系同學追隨瞿師散步錢江大橋、六和塔、九溪十八澗。 寓教誨於娛樂，於山水中悟恬淡的生活情趣。瞿師有「短策暫辭奔競場，同來此地乞清涼」及「松間數語風吹去，明日尋來盡是詩」之句，吟哦中深有所悟。真有「浴乎沂，風乎雲雩，詠而歸」的樂趣。 作文比賽，全校第一名，題目是〈中學六年作文文集自序〉。

1938	22	因中日戰爭，輟學返故鄉，瞿師亦避亂瞿溪，因得就近請益，學詩詞、讀老莊。瞿師贈詩有「希真今日黛沈沈，七字（指詩詞）燈前解用心」之句，垂勉至多。
1939	23	返滬上續學。因副系英文，讀西洋名著多種。美籍老師Dr. Day與Mrs. White教學態度和藹認真，指導啟迪尤多，因悟無論中西文學名著，總是要從至情至性中出發，從實際的體認著筆。 將童年時所背《灶神經》、《十八歲姑娘》等寫成古風，得全系同學讚賞。
1940	24	瞿師奔喪返里，由尤龍沐勛老師代詞選，教作「慢詞」。
1941	25	大學畢業，任教上海匯中女中。為盧燕（章原名盧燕香）編導話劇「火煉」（與另一任教該校的同學合作）。
1943	27	返故鄉任教永嘉縣中，為學生編導話劇。 瞿師亦返故鄉，囑寫〈之江同學滬濱歡聚回憶錄〉，引起寫回憶文章的興趣。 永中距瞿師寓所謝池巷（因永嘉太守謝靈運「池塘生春草」得名）甚近，常帶領同學趨訪瞿師，面授作詩之道。瞿師故有「秋山滿眼謝家詩」之句。
1945	29	勝利復員回杭州，任教母校兼浙江高院圖書管理員，得以暢覽群籍與雜誌，偶寫雜感寄報刊。
1949	33	五月來到臺灣。 六月第一篇〈金盒子〉投〈中央副刊〉，第二篇〈飄零一身〉投《中央日報》婦女家庭版，都被刊出，乃開始寫散文。由中婦主編武月卿女士介紹結識許多文友。
1950	34	結婚。
1951	35	短篇小說〈姊夫〉，在《文壇》創刊號刊出。
1954	38	1月，出版第一本散文小說合集《琴心》（國風雜誌社）。
1956	40	1月，自費出版短篇小說集《菁姐》（今日婦女半月刊）。 蔣總統祝壽徵文（中央黨部婦女會舉辦）第二名（第一名缺）。
1958	42	9月，出版短篇小說集《百合羹》，臺灣開明書店。
1962	46	5月，出版散文合集《溪邊瑣語》，婦友月刊社。
1963	47	8月，出版散文集《煙愁》，台中：光啟出版社。
1964	48	獲中國文藝協會散文創作獎章。

1965	49	代表臺灣省婦女寫作協會應邀訪韓。 短篇小說〈百合羹〉譯為韓文，刊載韓國《女苑》月刊。 出版兒童翻譯小說《傻鵝皮杜妮》，國語日報出版部。
1966	50	9月，出版兒童小說《賣牛記》，省教育廳。 12月，出版《琦君小品》，台北：三民書局。
1968	52	1月，出版短篇小說集《繕校室八小時》，台北：商務印書館。
1969	53	6月，出版兒童小說《老鞋匠和狗》，省教育廳。 11月，出版散文集《紅紗燈》，三民書局。
1970	54	獲中山學術基金會文藝創作散文獎。
1971	55	11月，出版短篇小說集《七月的哀傷》，驚聲文物供應社。
1972	56	應美國政府邀請訪問夏威夷及美國本土。
1975	59	《煙愁》由書評書目出版社重排，三版出書。 7月，出版散文集《三更有夢書當枕》，台北：爾雅。 12月，出版選集《琦君自選集》台北：黎明文化公司。
1976	60	應《讀者文摘》主編約寫散文〈母親〉，刊載於8月號。 12月，出版散文集《桂花雨》，台北：爾雅出版社。
1977	61	1月，出版小品散文集《細雨燈花落》，台北：爾雅。 隨夫留居美國。
1978	62	1月，出版隨筆《讀書與生活》，台北：東大圖書公司。 8月，出版散文集《千里懷人月在峰》，台北：爾雅。
1979	63	3月，出版散文集《與我同車》，台北：九歌。
1980	64	4月，出版短篇小說集《錢塘江畔》，台北：爾雅。 自美返國，任教中央大學中文系。 10月，出版散文集《留予他年說夢痕》，台北：洪範。 12月，散文小說集《琴心》由爾雅出版社重排出版。
1981	65	1月，出版散文集《母心似天空》，台北：爾雅。 4月，出版詞論《詞人之舟》，台北：純文學。 8月，出版散文集《琦君說童年》，台北：純文學。 9月，散文集《煙愁》由爾雅出版社重排出版。 12月，爾雅出版社增訂出版短篇小說集《菁姐》。
1983	67	再隨夫留居美國。 2月，出版散文集《燈景舊情懷》，台北：洪範書店。 5月，出版散文集《水是故鄉甜》，台北：九歌。

1984	68	應邀出席紐約美東區中華婦女聯誼會座談。
1985	69	6月，出版散文集《此處有仙桃》，台北：九歌。 6月，出版散文集《琦君寄小讀者》，台北：純文學。 《琦君寄小讀者》獲行政院新聞局圖書著作金鼎獎。
1986	70	11月，出版小品文集《玻璃筆》，台北：九歌。 《此處有仙桃》獲國家文藝獎。 應邀出席休士頓中華婦女工商會美國總會演講「婦女與文學」。 應邀出席舊金山國建會美西分會文學組座談。
1981	71	10月，出版評論集《琦君讀書》，台北：九歌。 應邀出席休士頓國建會美西分會文學組座談。
1988	72	3月，出版散文集《我愛動物》，台北：洪範。 4月，出版兒童翻譯小說《涼風山莊》，台北：純文學。 7月，出版散文集《青燈有味似兒時》，台北：九歌。
1989	73	10月，出版小品文集《珍珠與眼淚》，台北：九歌。 應邀返國出席文建會與中央日報副刊合辦之「文學討論會」。 出版兒童翻譯小說《比伯的手風琴》（漢藝色研出版社）與《李波的心聲》（漢藝色研出版社）。
1990	74	8月，出版散文《文與情》，台北：三民書局。 10月，出版散文《母心‧佛心》，台北：九歌。
1991	75	1月，出版小說《橘子紅了》，台北：洪範。 7月，出版《一襲青衫萬縷情——我的中學生活回憶》。 9月，出版散文《媽媽銀行》，台北：九歌。
1992	76	2月，出版兒童小說《愛吃糖的菲利》，台北：九歌。 3月，出版兒童翻譯小說《好一個餿主意》，台北：遠流。
1995	79	2月，出版兒童小說《小偵探菲利》，台北：九歌。 出版《萬水千山師友情》，台北：九歌。
2004	88	6月，與夫婿返台定居於淡水。
2006	90	6月7日凌晨4點45分病逝於台北市和信醫院。

【延伸閱讀】

1. 《琦君的世界》，隱地編，台北爾雅出版社，1980年11月20日初版。

2. 鄭明娳：〈一花一木耐溫存〉，《幼獅文藝》，1975年11月，收錄於隱地編《琦君的世界》。

3. 夏志清：〈母女連心忍痛楚──琦君回憶錄評賞〉（上、中、下），中央日報，16 版，1991年11月8～10日。

4. 《桂花雨》，台北爾雅出版社，1976年12月。

5. 《橘子紅了》，台北洪範出版社，1991年8月。

第三章

聶華苓

——難忘鹿園情事

一生漂泊三地的聶華苓，自五○年代在台北《自由中國》半月刊擔任文藝欄主編，到1967年與安格爾在愛荷華大學創辦「國際寫作計劃」，無數華語作家經由聶華苓安排得與國際交流。在創作上，代表作《桑青與桃紅》完整呈現出流離海外華人的心靈圖像。身居海外的她，對身份、語言的敏感，造就出寬闊的文學觀，也帶給華語文學豐厚的資產。

流離的成長記憶

聶華苓1925年1月11日出生於湖北省武漢市。祖父是曾中過舉的舊時代文人，因改朝換代而喪失一展長才的機會。父親聶洗為桂系的人，因桂系人馬與蔣介石有矛盾，家中時常有特務監視，使得聶華苓幼小心靈蒙上對政治反感的陰影。1927年「清黨」後，聶洗被派為貴州的行政專員。1934年到任僅

一生漂泊三地的海外華人作家聶華苓
取自國家圖書館「當代文學史料影像
全文系統」

1931年，北平。聶華苓與弟華楙合照。
翻攝自聶華苓《鹿園情事》

八個月，不幸被途經貴州的共產黨賀龍的軍隊殺害，家中頓失所依，僅靠母親獨立撫養家中五子。1937年中日戰爭爆發，聶華苓的母親帶著全家逃亡至湖北省的鄉下。14歲時，她一人坐船到巴東就讀中學，也開始流亡學生的辛苦歷程，在這段期間除了旅途艱辛外，也因得到瘧疾而在生死邊緣交戰。1944年考入南京中央大學經濟系，由於不善數理科及對文學的喜愛隨即轉入外文系。就讀大學時開始寫作，以筆名「遠方」發表第一篇散文〈變形蟲〉。畢業後，與當時的男友於北平結婚。因為家庭背景之故，聶家一直被左派當作反動派，為了身家性命安全，他們化妝以避共軍，成功地從北平逃到武漢，之後經廣州於1949年5月到臺灣。

《自由中國》與愛荷華「國際寫作計劃」

1949年來台，先於台北商職任教，之後透過好友李中直介紹，加入臺灣民主運動先鋒雜誌《自由中國》半月刊擔任編輯委員。因雷震發現聶華苓的創作長才，請她擔任文藝欄主編，與在聯合副刊的林海音為當時唯二的女性編輯，因為對文學的信念，聶華苓造就出那時期難得的文學「自由」園地。

這段期間中深受雷震、殷海光、戴杜衡等人之影響，她說：「一直到現在，我也不是政治性的。但是，作一個知識份子的風格與風骨，像雷震和殷海光這些人對我的影響很大。」在當文藝欄的編輯上，聶華苓表現令人敬佩。作家徐訏曾說：「我一生可以說以投稿為生，認識的編輯不算少，但是好的編輯則不多，華苓是我認識的少數的最好編輯之一。」從1949年到1960年雷震等四人被捕為止，她在《自由中國》當編輯達11年之久，她所主編的文藝版，

1971年，愛荷華。安格爾、聶華苓結婚酒會上。
翻攝自聶華苓《鹿園情事》

《自由中國》全體人員合影
翻攝自聶華苓《愛荷華札記》

時常出現「冷門作家」，如：朱西甯、司馬中原、司馬桑敦等，他們初期寫的小說，就是在《自由中國》發表的，這一期間聶華苓曾被譽為臺灣最好的文藝編輯之一。1960年雷震因「煽動叛亂罪」被補入獄，《自由中國》停刊後，她受臺靜農與徐復觀之邀到臺灣大學、東海大學教授文學創作。

1963年，美國詩人保羅・安格爾（Paul Engle）訪臺，會見並且邀請各國作家赴愛荷華大學的「詩與小說創作班」研究，同時也意外獲得他與聶華苓的愛情。1964年聶受聘於愛荷華大學擔任「寫作工作坊」顧問，離台赴美，同時也逃脫特務監視的恐懼與孤獨生活。數年後與安格爾共結連理，婚後定居鹿園，散文集《鹿園情事》一書即記載這一段良緣締結之經過。1967年她和安格爾不畏艱難四處募款，創辦愛荷華大學「國際寫作計劃」。此機構曾邀請1200多位國際作家（包含80餘位華人），經由愛荷華大學「國際寫作計劃」的推展，促進了世界各地作家有機會共聚一堂進行文化交流。1977年聶華苓與安格爾被世界各國三百多名作家提名為諾貝爾獎候選人。 1981年他倆一起榮獲美國五十州州長所頒發的文學藝術貢獻獎（Award for Distinquished Service to the Arts），可說是實至名歸。

文學創作上聶華苓認為：「真正偉大的作品一定還是出現在本土，或者是臺灣，或者是大陸。」身為海外作家，她深知創作、語言所面臨的危機，對文字使用也就更為敏銳。聶華苓的作品以小說為主，計有《桑青與桃紅》、《失去的金鈴子》、《葛藤》、《鹿園情事》、《三生三世》等書，許多著作被翻譯成多國語言流傳世界，《桑青與桃紅》一書更榮獲1990年美國書卷獎。由於外文系的出身背

景，她在臺灣也曾翻譯過紀德的《遣悲懷》、亨利‧詹姆士《德莫福夫人》等英美名著。

流放與回歸

論者認為聶華苓早期作品受五四文學思潮影響，傾向現實精神與寫實手法，五、六〇年代作品接近這類風格，以收在《臺灣軼事》各篇小說為代表。六〇年代後期作品逐漸顯露現代主義的影響，作品中象徵手法的使用越來越突出，以成名作《桑青與桃紅》為最佳代表，這部書也被認為是臺灣現代主義小說之先聲。葉維廉〈突入一瞬的蛻變裏——側論聶華苓〉評論聶之小說技巧認為：「她的小說依藉故事的骨幹，…小說中沒有奇異的語法。但她循著外象經營，仔細的依著事件進展的弧度，而成功地突入一瞬的真實及其間的蛻變。」

首部長篇小說《失去的金鈴子》借女主角苓子之口，說出四〇年代抗戰期間發生於重慶外圍郊區三斗坪的人事。

聶華苓小說集《桑青與桃紅》為臺灣現代主義小說之先聲，榮獲1990年美國書卷獎。（作者翻拍）

聶華苓的首部長篇小說
《失去的金鈴子》（作者翻拍）

從主角返鄉親戚們談論姨爹即將納妾的事開始，到村中少女逃婚，聶華苓以故鄉中的婦女作為書寫對象，有別於同期男作家筆下的鄉土描繪，林菁菁認為：「作者以小女孩（苓子）第一人稱為貫穿全文的主要視角，已然預告讀者一個邊緣的身份，…透顯出作者呈現的是一女性中心視角的鄉土經驗。」藉著苓子面對環境變化所引發的心理成長，見證了當時女性所面臨的處境。

到了六〇年代後期的《桑青與桃紅》則推向更大的面向。聶華苓融合自身「異鄉人」的經驗，由對女主角的經歷描寫，呈現出對全人類命運之反思。書中以近代中國政治動亂的時代為背景，故事鋪陳的，正是主角人格上分裂蛻變的經過。開始時，主角是個純真的中國內地女孩桑青；結尾時她成了桃紅，在美國遊蕩的縱慾狂人，聶自言道：「我不僅是寫一個人的分裂，也是寫一個在中國變難之中的分裂，和整個人類的處境：各種的恐懼、各種的逃亡……」。此書因對性的描墨大膽及題材之敏感，1970年刊載於聯合副刊沒多久便被臺灣當局所禁，之後於香港《明報》月刊繼續連載。單行本直到1988年才首次在臺灣出版，在〈桑青與桃紅流放小記〉中她有感而嘆：「現在『桑青與桃紅』流放歐美之後，終於回到臺灣了……我這個作者感到：我也回臺灣了。」因躲避共黨而逃至臺灣，又為了遠離白色恐怖而到了美國，她一生的流浪漂泊終在小說創作中找到歸宿。

1991年安格爾於芝加哥機場猝然離世，使聶華苓幾年內幾乎無心寫作。爾後強打起精神，為安格爾編纂作品，然後才投入自傳《三生三世》的撰寫。她漫長一生走過中國、臺灣、美國，對這三塊土地都有濃厚的情感，也經由華語文學創作回歸到心靈的故鄉。在《三生

三世》書卷前，她寫著：「我是一棵
樹。根在大陸。幹在臺灣。枝葉在愛荷
華。」如今看來，她在這三個地方都撒
下了文學的種子並且枝繁葉茂。

1987年，聶華苓和夫婿安格爾於威尼斯合照。翻攝自聶華苓《鹿園情事》

1988年，於捷克布拉格，查裡士古橋留影。翻攝自聶華苓《鹿園情事》

聶華苓年表

年份	年齡	事　蹟
1925	1	1月11日出生於湖北省武漢市。
1934	9	父親聶洗被聘為貴州平越行政專員，上任八月後被中共紅軍槍斃。
1937	12	就讀中學一年級，日軍佔領中國。為了逃難，聶母帶著全家離開武漢避到鄉下三斗坪去。
1939	14	聶華苓就讀於湖北恩施中學就讀，之後考上四川長壽國立第十二中。
1944	19	原保送西南聯大，後因地利之便就讀南京中央大學。
1948	23	以筆名遠方發表第一篇文章〈變形蟲〉於南京雜誌，為一諷刺散文。 同年畢業於南京中央大學外文系。
1949	24	渡海來台。 透過李中直介紹加入《自由中國》半月刊擔任編輯委員與文藝欄主編，期間長達十一年之久。 與雷震、殷海光、戴杜衡等人之共事，並深受影響啟發。
1953	28	出版第一本長篇小說《葛藤》，台北自由中國雜誌社。
1959	34	出版短篇小說《翡翠貓》，台北明華書局。 翻譯詹姆士小說《德莫福夫人》，文學出版。
1960	35	雷震等四人被捕，《自由中國》被查封。 翻譯《美國短篇小說選》，明華書局出版。
1961	36	出版長篇小說《失去的金鈴子》，台北：學生書局。
1962	37	自由中國停刊後。應臺靜農之邀到臺灣大學教授創作課程，不久，徐復觀又請他到東海大學兼教，與余光中合教一門創作的課程，余光中教詩，聶華苓教小說。 11月15日，聶華苓的母親因病去世。
1963	38	美國詩人保羅・安格爾（Paul Engle）應洛克菲勒基金會之邀訪臺，會見並且邀請各國作家赴愛荷華大學的「詩與小說創作班」研究，在駐台美國領事館舉行的酒會上與聶華苓相識。
1964	39	受聘於愛荷華大學擔任「寫作工作坊」顧問。
1965	40	出版散文集《夢谷集》，香港：正文。
1967	42	聶華苓和安格爾創辦愛荷華大學「國際寫作計劃」（International Writing Program），並發展成為具有崇高國際聲譽的龐大的文化機構。
1968	43	出版短篇小說集《一朵小白花》，台北：文星書店。
1969	44	殷海光去世。

1970	45	《桑青與桃紅》刊載於聯合副刊沒多久便被臺灣當局所禁，之後於香港《明報》月刊繼續連載。
1971	46	翻譯紀德《遣悲懷》，晨鐘出版社。 5月14號，與詩人安格爾於愛荷華公證結婚。
1972	47	出版A Critical Biograph of Shen Tsung-wen《沈從文評傳》，紐約Twane Publishers出版。
1973	48	出版《夢谷集》，大林出版社。
1974	49	與安格爾旅行亞洲兩個月。 返台，聶華苓與出獄四年的雷震見面。
1976	51	出版長篇小說《桑青與桃紅》，香港友聯出版社。
1977	52	以南斯拉夫作家阿哈密德‧伊瑪莫利克為首的世界各國三百多名作家提名聶華苓與安格爾為諾貝爾獎候選人。 在美並獲三個榮譽博士學位。
1978	53	首次以探親為名義重返南京，並於各處作專題演講。
1979	54	3月7日，雷震去世。
1980	55	開始翻譯《百花齊放》，分上下兩冊。 出版短篇小說集《臺灣軼事》，北京出版社。 出版散文集《三十年後》，湖北人民出版社。 出版短篇小說集《王大年的幾件喜事》，香港海洋文藝出版社。
1981	56	聶華苓與安格爾同獲全美五十個州州長所頒發「文學藝術貢獻獎」，表揚他們對美國文學工作貢獻。 擔任美國紐塔國際文學獎評審委員。 出版英文版《桑青與桃紅》，紐約Sino Publishing Company和北京新世界出版社聯合出版。 翻譯美國短篇小說集《沒有點亮的燈》，北京出版社。
1982	57	擔任美國紐斯塔國際文學獎評審委員。
1983	58	出版散文集《愛荷華札記》，香港：三聯書店。 出版散文集《黑色，黑色，最美麗的顏色》，香港：三聯書店。
1984	59	出版長篇小說《千山外，水長流》，四川：人民出版社。
1985	60	出版克羅西亞文版本的長篇小說《桑青與桃紅》，南斯拉夫Globus出版社。
1986	61	出版匈牙利文版本《桑青與桃紅》，匈牙利Artisjus出版社。

1988	63	出版《三十年後夢遊故園》，錦德出版社。 1970年《桑青與桃紅》連載被禁後，事隔十餘年，由臺灣漢藝色研文化事業有限公司首度發行在台單行本。
1990	65	《桑青與桃紅》美國版獲1990年「美國書卷獎」。
1991	66	安格爾去世。
1992	67	出版《一朵小白花》，水牛出版社。
1994	69	6月4日，出版《鹿園情事》，台北：時報文化。
2003	78	11月，完成自傳《三生三世》。
2004	79	2月，出版《三生三世》，台北：皇冠。

【延伸閱讀】

1. 《桑青與桃紅》，台北時報出版社，1997年。

2. 《三生三世》，台北皇冠出版社，2004年。

3. 廖玉蕙：〈逃與困〉，《打開作家的瓶中稿——再訪捕蝶人》，九歌出版社，2004年，頁51-67。

4. 〈「喪」青與「逃」紅？試論聶華苓「桑青與桃紅」／國族認同〉，郭淑雅，《文學臺灣》第32期，1999年10月，頁252-275。

第四章

艾雯

——蘇州姑娘永遠的青春篇

艾雯，一生創作頗豐，擅散文兼小說，也出版童話集，作品有《小樓春遲》、《漁港書簡》、《曇花開的晚上》、《艾雯自選集》、《倚風樓書簡》、《綴網集》等，她說「一切藝術永遠是聯繫著時代的。寫作不僅是獨抒性靈，表現一己的感情生活，更要從這時代人民大眾豐富的生活中去提煉；不僅是刻劃個人的希望和理想，更要反映這時代人類對明日的希望和思想。」她的作品正是這些想法的體現。

命運乖桀的童年

艾雯，本名熊崑珍，1923年生於江蘇蘇州。江蘇歷代文風特盛，艾雯感染那份氣息，自小便具有江南兒女寧靜恬淡的性格。艾雯出生在書香世家，父親能書善畫且酷愛閱讀，七、八歲時小艾雯無意間發現父親的藏書，在一知半解下拿起章回小說、古典小

艾雯六十大壽時，愛女為母親繪製的粉彩肖像（1983年9月）。取自國家圖書館「當代文學史料影像全文系統」

獲得文藝協會散文獎章的艾雯，攝於頒獎會場（1965年5月）。取自國家圖書館「當代文學史料影像全文系統」

說閱讀，耳濡目染之下她也耽迷於啃小說。艾雯自幼多病，上學時斷時續，母親又隔了十三年才幫她添了一個妹妹，童年生活的寂寞不言可喻，幸得閱讀的滋養和陪伴，也因此和文學解下不解之緣。

1937年全家隨父親到江西任職，不久中日戰爭爆發，故鄉淪陷，越二年，父親不幸病逝異鄉，她不得不輟學擔負起家庭生活重計。她找到一份圖書館管理員的工作，在那裡她得以博覽群書，吸收中外著名文學的精華，並且開始嘗試投稿，第一篇習作〈意外〉，應徵「江西婦女」徵文，得小說組第一名，爾後她便以部分獎金自印稿箋，取艾雯為筆名開始投稿，文章刊於贛州《正氣日報》、《青年報》、《民國日報》、《東南日報》等，在當時頗有名氣。女作家王琰如曾和她同一辦公室，在得知艾雯即熊崑珍，且自己作品與艾雯一同刊出時，欣喜若狂，即時和艾雯約定共同在文學園地上努力耕耘。1944年時艾雯避難上猶（山城），進上

猶《凱報》工作，兼編副刊「大地」，並參與各報「發展東南文藝運動」，她響應寫了一些現實的文章，呼籲青年朋友要熱愛生命，熱愛國家，此時她已將寫作和生命融合在一起，她說：「我寫作，由於本身的責任在不住督促我；我寫作，由於良心的聲音在不住激勵我。」

因為戰亂，得以結識她的夫婿，兩人在那層巒疊嶂、不受戰火侵逼的「福」地舉行史無前例的婚禮，這一段記憶及當時緊急辦報的經歷最讓她難以忘懷。1949年避難來台後定居岡山，幸福的生活及虛弱的身體，使她成為一個現代隱者。人雖隱居，但其文章卻一點也不隱，她的作品不斷地出版，陪伴著時代青年的成長。

出版第一本散文集《青春篇》時（1951年春）。取自國家圖書館「當代文學史料影像全文系統」

二十歲的艾雯，學習寫作與母妹生活於江西大庾（1943年08月11日）。取自國家圖書館「當代文學史料影像全文系統」

辛勤拓墾文學園地的熊大姊

曾經有一本以諷刺著名的雜誌刊了一段小品，大意是：「女人從事寫作的結果：世上少了一個好的主婦，而多了

艾雯的《小樓春遲》是一本反
黃色的小說集（作者翻拍）

一本壞書。」因為這個刺激，艾雯立下
宏願：要做一個好的主婦，而且又要寫
成一本好書。

由於受父親影響，艾雯自小便喜
愛文藝，舊小說、新小說、兒童文學都
是她案上常客。中學時，她曾一度享有
國文老師賦予自擬作文的特權。由於早
年失怙，童年的心靈是寂寞的，家庭的
重擔及苦悶的心迫切需要宣洩的管道，
她曾自言：「我將寫作當做一支舵，裝
置在那葉在人生風濤中奮鬥向前的小
舟。」

「生活是一種磨練，時代是一座
大熔爐，經過考驗、錘鍊，從苦難奮鬥
中成長，一支筆已是我希望的柱杖，幫
助我走過那段艱辛崎嶇的人生道路。」
艾雯如是說。她給自己訂立了崇高的寫
作目標──以闡揚人性光輝、提高人的
尊嚴為主，刻畫這時代人類堅苦卓絕的
精神，並反映各階層形形色色的生活。
而她也忠於自己的理想跟堅持，《生
死盟》中的小人物都是刻苦、堅韌、擇
善固執的形象；《小樓春遲》則是一本

反黃色的小說集，裡頭寫的人物都是忠於理想，不被利益誘惑、與生活搏鬥的人，她出版這本書批評當時黃色書刊充斥的現象，以及為短暫利益而出版不當書籍的人。

她曾獲得第54、67年度的中國文藝協會文藝獎章。1955年青年寫作協會曾舉辦一次「全國青年最喜閱讀的作品及作家」的測驗，艾雯的作品《青春篇》以最高票當選。當時中學生上課不專心，在桌子底下偷看艾雯的散文，老師們偶而默許這樣的行為，因為艾雯的作品既健康又砥礪人，她文章往往創造光明的意境，為易受誘惑的中學生指引正途，傳達積極的人生觀。例如她的名言──生活，為的是征服它！

艾雯作品出版數量及其受歡迎程度，證明她理想的完成：既是一個好的文藝工作者，更是一個賢妻良母，也因此博得文壇「大姊」的尊稱。張漱菡稱讚其作品風格，認為她敏銳的觀察力與感受性，「使得任何不為人所注意的平凡事物或人物，一遇上了她，便彷彿種

艾雯的第一本散文集《青春篇》，以最高票當選1955年青年寫作協會曾舉辦的「全國青年最喜閱讀的作品及作家」的測驗。（作者翻拍）

子在肥沃的土壤上，總會吸收了去，生根發芽，由她那支鋒利的筆培植出美麗動人的果實來。」

艾雯十分好客，家中總是聚集三兩文友。她也喜歡過半隱居的生活，鮮少離開家門，恬淡自適好不快樂。在家中她默默寫作，譜出一曲又一曲的人生樂章，鼓勵無數被生活打敗、鼓不起勇氣向生活還擊的人。1953年艾雯與夫婿住岡山空軍眷村時，即出版她第一本短篇小說集《生死盟》。熊大姊不但自己寫作不懈，對於空軍眷村太太們，因深知軍眷獨處空閨的寂寞，且寂寞使人多想，便鼓勵大家將情感訴諸文字，為自己建立一個正確的生活目標，因此也鼓勵出不少好文章。

艾雯的文學創作，以小說和散文為中心。早期小說最多，橫跨五〇到六〇年代，除了大量發表在各文藝雜誌上，結集成冊的有《生死盟》、《魔鬼的契約》、《夫婦們》、《霧之谷》、《一家春》、《與君同在》、《池蓮》、《弟弟的婚禮》等八本，六〇年代至今，艾雯作品以散文為主，且持續不懈，從最早的《青春篇》到最近的《花韻》，約三十本，數量豐富。

一沙一世界，一花一天堂

自覺是蘇州人的緣故，也為了懷念蘇州「上有天堂，下有蘇杭」山靈水秀、人文薈萃的名句，來到臺灣之後，艾雯喜歡自己動手栽種花草，是文藝圈裡有名的「綠手指」。她認為種植可以直接參與另一種生命的繁衍和成長，感受自然生命綿延不絕的奇妙，由植物之中可以得到生存的啟示和心靈的喚醒。例如她認為高風亮節的修竹，最可

以代表她身穿長袍、清靜瀟灑、個性耿直淡泊的父親。藉著花草,她不僅懷念父親,也記憶起童年成長的蘇州。張秀亞說過:「如果拿艾雯的『綠窗』──窗櫺上爬滿了裊裊的珊瑚藤──和我那嵌著藍天、飄著白雲的『北窗』相比,她的更多了一分濃濃的畫意。」

張秀亞也曾讚美艾雯的作品融合了抒情的美與哲理的深思:「作家而外,艾雯堪稱得起是一位藝術家,在她的心上棲息著美與真,以及孩童般的純摯。……作品則是擷自她心裡的一隅,帶著她純真的感情與深沉的哲思。」歸人也稱讚艾雯的散文是早年的謝婉瑩和凌淑華的化合者,詠物寄情,闡發哲理,將哲理化入生活之中。

2003年她出版《花韻》,以優美的文字,搭配插畫,細細描繪出草木的形姿,原本極為平常的事物,到了她的筆下,卻一個個都活了過來。對花草的耐心及豐富的生活經歷,以及關懷萬物的那份愛心,都是支持她永遠青春的原動力。

女兒恬恬的婚禮(1975年05月06日)
取自國家圖書館「當代文學史料影像全文系統」

阻隔半世紀白髮返鄉蘇州網師園引靜橋
(1990年09月)
取自國家圖書館「當代文學史料影像全文系統」

艾雯年表

年份	年齡	事　蹟
1923	1	出生於江南水都蘇州。本名熊崑珍。
1931	8	發現父親藏書，一知半解，猛讀古典小說、章回小說，自此迷上書籍，終生不改。
1937	14	隨父母去江西贛南，中日戰爭爆發，故鄉隨即淪陷。
1940	17	父親在大庾任上逝世，輟學就業，進圖書館以後，博覽群書。
1941	18	第一篇習作〈意外〉，應徵「江西婦女」徵文，得小說組第一名。 取艾雯為筆名，以部分獎金自印稿箋，開始投稿。 文章刊於贛州《正氣日報》、《青年報》、《民國日報》、《東南日報》。
1943	20	寫三幕劇《燕爾劫》，應徵重慶某單位徵文，卻由於交通中斷，不知下落。
1944	21	避難上猶（山城），進上猶凱報，兼編副刊「大地」。
1949	26	來台，暫居屏東眷村。重拾文筆，專任寫作。
1951	28	出版第一本散文集《青春篇》，其中〈路〉一篇被收入國中課本。
1952	29	開始寫長篇小說《夫婦們》，連載於《中華婦女》月刊。
1953	30	遷居岡山。出版第一本短篇小說《生死盟》，高雄大眾出版社。 初寫系列散文「主婦隨筆」（生活小品），每週發表於中央日報「婦女與家庭」版。
1954	31	出版小說集《小樓春遲》，台北：帕米爾。
1955	32	出版散文集《生活小品》，台北：國華。出版小說集《魔鬼的契約》台南：人文。 出版散文集《漁港書簡》，高雄：大業。
1956	33	出版《艾雯散文選》，台北：遠東。
1957	34	出版《夫婦們》，台北：復興。 「全國青年票選最喜閱讀文藝作品及崇敬作家」，《青春篇》以散文首名入選。
1958	35	出版短篇小說集《霧之谷》，台北：正中。《春春篇》由高雄大業書局新版出書。
1959	36	以蘇州方言寫小說〈繡繃子的姑娘〉，刊文學雜誌。 12月出版短篇小說集《一家春》，台北正中出版社。

1961	38	開始寫系列散文「浮生散記」。第一篇〈心中自有丘壑在〉刊於《新時代》月刊、《文壇》。
1962	39	開始寫系列散文「你我的書」，發表於《皇冠》。 出版散文集《曇花開的晚上》，台中：光啟社。 出版短篇小說集《與君同在》，台北：復興。 出版童話書《森林裡的秘密》，台北：臺灣兒童。
1965	42	獲中國文藝協會文學散文創作獎章。 小說〈鄉下醫生〉譯成韓文，刊於韓國女苑社「中國女流文學二十人集」。
1966	43	出版短篇小說集《池蓮》，台北：正中。1968年 45歲 12月，出版短篇小說集《弟弟的婚禮》，台北：立志。
1970	47	開始寫系列散文「懷鄉草」（最愛是蘇州），發表於中央月刊。開始寫系列散文「忘憂草」。 第一篇〈孤獨，凌駕一切〉發表於人間副刊。 散文〈從永恆到永恆〉被譯成英文發表在中央月刊。 出版散文《攜回一朵小花》，高雄中國袖珍出版社。
1971	48	出版散文《田園散章》，台北正文出版社。
1972	49	《生活小品》由高雄三信出版社新版出書。
1973	50	遷居台北。開始寫系列散文「倚風樓書簡」，發表於中華日報。
1974	51	11月，《曇花開的晚上》由台北水芙蓉出版社新版出書。
1975	52	出版散文集《浮生小記》，台北：水芙蓉。出版散文集《夏季戀歌》，台南；東風。
1976	53	《弟弟的婚禮》由台北水芙蓉出版社新版出書。
1978	55	開始寫系列散文「綴網集」。《春篇》台北水芙蓉出版社新版出書。 出版《不沈的小舟》，台北水芙蓉出版社。
1979	56	出版《並蒂花開》，台北：華欣。
1980	57	系列散文「花韻」發表於聯合副刊，由版畫家林智信配圖。 系列散文「我住柳橋頭」發表於青年戰士報。 《艾雯自選集》由台北黎明公司出版。
1981	58	《綴網集》開始在中央日報發表。
1982	59	由文化大學發行之「文學時代」，「陽春」邀約做作家專輯。 出版《抒情散文選》，台南文國出版社。
1983	60	《漁港書簡》由台北水芙蓉出版社重新出版。

1984	61	出版散文集《倚風樓書簡》，台北：水芙蓉。
1985	62	《綴網集》集結由大地出版社出版。
1986	63	出版《綴網集》，台北：大地。
1987	64	增訂本《青春篇》由台北爾雅出版社出版。
1990	67	《明天，去迎接陽光》（浮生散記）由台北漢藝色妍出版。 《倚風樓書簡》由台北漢藝色妍出版。
2002	79	開始寫系列散文「人在橫溪」。 編就懷鄉散文集「蘇州的女兒」（暫名）。 編就散文集「孤獨，凌駕於一切」。編就散文集「誰與同笙」（暫名）。
2003	80	出版《花韻》，台北：雅逸藝術。

【延伸閱讀】

1. 《青春篇》，台北爾雅出版社，1987年。

2. 《曇花開的晚上》，台北水芙蓉出版社，1975年。

3. 陳玲珍：〈最愛是蘇州——艾雯女士訪問記〉，《文學時代》第11期，1983年1月，頁95-104。

4. 鐘麗慧：〈永遠的「青春篇」——艾雯〉，《文藝月刊》第188期，1985年2月，全文亦刊於《織錦的手》頁31-45。

第五章

徐鍾珮

──女記者的文學餘音

徐鍾珮，憑著自己不凡的勇氣成為中國史上第一位受專業訓練的女記者。在當記者時期，曾採訪過聯合國大會及巴黎和會等重大新聞，經歷令人羨慕。文學創作方面，《英倫歸來》、《多少英倫舊事》等書紀錄著異國的所見所聞，使她成為臺灣早期書寫旅遊文章的女作家。唯一的長篇小說創作《餘音》也深受當時讀者喜愛，被列為抗戰三大小說之一。即便從事文學寫作，新聞記者背景始終影響著她，而呈現出別於同時代女性作家的「中性文體」。

新聞系第一位女生

徐鍾珮，1917年2月12日生，江蘇常熟縣人，中央政治學校（即國立政治大學前身）新聞系畢業。曾任職於中央宣傳部國際宣傳處、中央日報社記者、國民大會代表，現已退休。徐鍾珮為中國第一位就讀新聞系

於西班牙留影（1967年）
翻攝自徐鍾珮《追憶西班牙》
（紙文學出版社）

清湯掛麵的徐鍾珮
取自國家圖書館「當代文學
史料影像全文系統」

的女生。當時的中央政治大學規定女生
只能選讀教育、統計、會計三科，而徐
鍾珮只想唸新聞，憑著「越不讓我唸，
我就越要進新聞系！」之決心，在她
鍥而不捨的爭取下，校方以「唸不好就
開除」的條件讓她由教育系轉入夢寐以
求的新聞系，成為有史以來第一位女學
生，同時也成為新聞系創始人馬星野的
得意門生。大二時，便以新聞系代表的
身分前往旁聽了在重慶的國民參政會，
以通訊稿記錄了所見所聞。大學畢業
後，到中央宣傳部當新聞檢查官，審核
外國記者所發送的英文電報，也藉著這
樣的工作環境接觸到許多的資深記者而
受益良多，其後進入重慶《中央日報》
擔任採訪。1945年抗戰勝利後，擔任
南京《中央日報》駐倫敦特派員兩年，
採訪聯合國大會及巴黎和會等重大新
聞，並赴德採訪戰後的柏林狀況。回國
後，陸續在《中央日報》發表15篇有
關駐英期間的報導。1948年集結成冊
為《英倫歸來》，由中央日報社出版。
而此書甫出，不到一個月便再版，後

又增加〈倫敦與我〉、〈巴黎會議旁聽記〉等專輯彙編為《多少英倫舊事》。徐鍾珮的專業記者生涯只做了短短四年，就因結婚後無法兼顧家庭，而辭去工作。徐鍾珮曾言：「我也慢慢領略到女人的悲哀，家庭和工作幾乎等於魚和熊掌，是不可得兼的。我常想兩菜同燒，結果兩隻菜都燒得半生不熟。」之後隨夫婿朱撫松的外交工作，先後到過美、加、西班牙、巴西等地，因而有了《追憶西班牙》的散文集。

徐鍾珮唯一的長篇小說創作
《餘音》（作者翻拍）

徐鍾珮夫婦晉見多明尼加總統
翻攝自徐鍾珮《徐鍾珮自選集》

翻譯、旅遊散文與自傳體小說《餘音》

　　徐鍾珮的文筆精簡俐落，她自認為是因為從事外文翻譯的關係。早在大學時代班上男生流行翻譯投稿，為了不落人後，她也跟著到圖書館排隊，等看新的外文雜誌並向外投稿，後來不但寫得比其他人都好，還贏得了多產作家的稱號。直到往後，徐鍾珮也沒有放棄這個志業，由國外返回定居台北期間，陸續

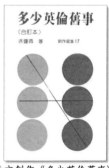

散文創作《多少英倫舊事》
（作者翻拍）

翻譯了莫里哀小說《哈安瑙小姐》、毛姆《世界十大作家及其代表作》等重要的著作。

徐鍾珮的創作以旅遊散文為主，曾出版：《多少英倫舊事》、《追憶西班牙》、《靜靜的倫敦》等書。內容上，除了收錄派駐英國時期的見聞外，之後更包括跟隨丈夫旅居國外的奇聞趣事。徐鍾珮著名的英倫系列，起因於戰時被派到倫敦採訪，每周需寫通訊一篇，成為報上專欄的〈英倫閒話〉。之後，受到報館上司和同事的鼓勵，帶著「幼稚的熱情，天真的眼淚」，又寫了十五篇「英倫歸來」的隨感錄。文中許多篇章集中報導英國在戰後經濟困難之際，民間社會種種現象，就題材論，是以英倫經歷為主，此外也將當時巴黎會議之旁聽與德國柏林戰後採訪隨感記述於其中。1948年來台，1950年6月起在《中央日報》〈中央副刊〉撰寫專欄「我在台北」，記述來台定居後所碰到的人事物，並在1951年由重光文藝出版《我在台北》。1986年應林海音邀

徐鍾珮夫婦的合影（1986年）
翻攝自徐鍾珮《我在台北》

約，增加二十二篇的散文集結成《我在台北及其他》一書，由純文學
出版社印行。

在加拿大居住期間曾為甲狀腺疾病所苦，然而在此同時，徐鍾
珮並未被病魔打倒， 1961年出版了首部長篇小說《餘音》。此書先
在《大華晚報》連載，再由重光文藝出版，甚受讀者好評，與同時期
出版之王藍的《藍與黑》、紀剛的《滾滾遼河》並稱為「抗戰三大小
說」。全書以抗戰前十年中國社會為背景，敘述重心放在父女二人的
情感，用第一人稱「我」（多頭）作為敘事觀點，從「我」的誕生一
路記載到抗戰時期結束。全書分為兩部共六十八章，經由「我」來觀
看家中的人事變遷，也對照整個時代的鉅變。彭歌認為：「…徐鍾珮
女士的長篇小說《餘音》，是一本寫來很深情、很生動的作品。對於
這一代青年人，特別有啟發性。因為作者寫的是抗日戰爭爆發前後十
年間的青年學生的作品。」寫完《餘音》後，跟隨著夫婿於西班牙居
住，完成了《追憶西班牙》一書。1981年，台北「黎明文化公司」
將徐鍾珮的作品彙集、整理為「散文」、「新聞寫作」、「遊記」三
輯，出版《徐鍾珮自選集》。

擺盪於理性與感性間的中性文體

五、六〇年代文壇上，徐鍾珮的文章可說頗富盛名，孫如陵曾
言：「中副的女作家，女性只有徐鍾珮與張秀亞。徐大姊高我一期，
在新聞系攻讀時，獨鍾散文，深得散文大師俞頌華的真傳，文筆流
暢、用字生動……」在旅遊散文創作中，除了記錄在國外所寫的隨感

徐鍾珮手稿
翻攝自徐鍾珮《徐鍾珮自選集》

錄，更無時不流露愛國憂時的情懷，隨時以記者敏銳的觀察力提出幽默又不失深度的觀點，給予讀者更多的思考空間。張瑞芬認為徐鍾珮的旅遊散文不只是題材吸引人心，更重要的是她「幽默而又有趣味」的文字情境。小說創作上，《餘音》以抗戰前十年間中國社會為背景，將這期間中國社會種種問題，透過故事主角一一呈現。陳克環〈孃孃不絕──徐鍾珮女士的「餘音」讀後記〉提到：「作者把握了各式各樣人物承受時代壓力的反應，而塑造出一個複雜又精微的時代浮雕。或許作者無意於對她所處的時代作任何主觀的批判，但經由她職業性的對事物的敏銳洞察力，她從一組人物的悲歡離合之中，掌握了農村的衰落和知識青年的迷失這兩大關鍵，因此《餘音》不僅僅具有時代意義，而且有永恆的歷史價值。」

徐鍾珮所選擇的題材及文字風格，與同輩女作家傾向關注「家庭」、「愛情」、「婚姻」及婉約古典的筆觸有極大差別，很難將她歸在「閨秀風格」

一類。鄭明娳於〈一個女作家的中性文體──徐鍾珮作品論〉中，頗有見地的以「中性文體」來分析她的文字風格。鄭認為徐鍾珮的作品比起當時抒情的「文藝腔」，顯然多了些理性思維。在感性的文學中融入作記者求真的理念，成就了擺盪於理性與感性的文字風格，而這種特色無疑和她從事新聞工作有極大的關係。

　　徐鍾珮曾說：「我一直覺得我仍是個新聞記者，寫小說只是玩玩票的。」一生以新聞工作者自居的她，讓讀者跟隨她理性幽默的文筆，一道看到那個時代的縮影。

徐鍾珮的素描圖
翻攝自徐鍾珮《徐鍾珮自選集》

徐鍾珮年表

年份	年齡	事　蹟
1917	1	2月12日生，江蘇常熟縣人。 筆名另作「余風」。
1939	22	中央政治學校(國立政治大學前身)新聞系畢業。
1945	28	擔任重慶《中央日報》駐倫敦特派員。 在倫敦為重慶《中央日報》寫通訊〈英倫閒話〉、〈倫敦和戰〉。 翻譯Daphne du Maurier所著 "The Kings General" 譯名《哈安瑙小姐》。
1946	29	7月~9月，撰寫〈巴黎會議旁聽記〉新聞通訊稿，共14篇。 8月~9月，撰寫〈柏林行〉新聞稿，共6篇。 9月~11月，撰寫〈英倫閒話〉。 〈巴黎會議旁聽記〉、〈柏林行〉、〈英倫閒話〉合為《倫敦與我》出版，後又與《英倫歸來》」彙編成《多少英倫舊事》。
1947	30	結束兩年倫敦特派員生涯，回到南京。 為南京《中央日報》馬星野先生羅致，出任採訪部主任。
1948	31	彙集在《中央日報》發的15篇報導成為《英倫歸來》一書出版，南京：中央日報社。 當選國大代表，出席第1屆行憲國民大會。 匆匆由南京渡海來台。
1950	33	6月，開始寫散文〈我在台北〉，發表在武月卿女士主編的《中央日報》〈中央副刊〉，至9月14日共發表20篇文章。
1951	34	6月，《我在台北》出版，台北：重光文藝。 翻譯莫里哀的《哈安瑙小姐》出版，台北：皇冠出版社。
1952	35	翻譯毛罕（Somerset W. Maugham）所著之《世界十大小說家及其代表作》，台北：純文學出版社。
1954	37	《英倫歸來》由台北重光文藝社再版。
1956	39	此年開始長期於海外生活，先後隨夫婿朱撫松去美、加、西班牙、巴西、韓國等國。
1961	44	長篇小說《餘音》出版，台北：重光文藝。此書出版時，徐鍾珮在加拿大正因患甲狀腺病所苦。
1962	45	返回臺灣，以筆名「余風」發表短評於《中央日報》。
1964	47	《英倫歸來》增加〈倫敦與我〉、〈巴黎會議旁聽記〉等專輯彙編為《多少英倫舊事》出版，台北：文星書店。 受恩師馬星野之邀，替中央通訊社撰寫台北通訊。 4~5月，於《中央日報》副刊發表有關西班牙的文章。

1969	52	《多少英倫舊事》出版，台北大林出版社。
1970	53	居西班牙五餘年臨別一年，寫《追憶西班牙》於中央副刊三年後，始由純文學出版社出版。
1976	59	5月，《追憶西班牙》出版，台北：純文學
1977	60	5月，《靜靜的倫敦》出版，台北：大林。
1978	61	10月，《餘音》改由純文學出版社重印。
1980	63	6月，《多少英倫舊事》由大林出版社再版。
1981	64	3月，《徐鍾珮自選集》出版，台北：黎明文化。
1985	68	9月，《多少英倫舊事》再版，台北：時報文化。
1986	69	9月，《我在台北》增加22篇散文成為《我在台北及其他》由純文學出版社出版。

【延伸閱讀】

1. 《餘音》，純文學出版社，1978年。

2. 《徐鍾珮自選集》，黎明文化公司，1981年。

3. 鄭明娳：〈一個女作家的中性文體——徐鍾珮作品論〉，《當代臺灣女性文學論》，台北時報出版社，1993年，頁311-336。

4. 劉枋：〈衷佩鍾珮——訪徐鍾珮〉，《非花之花》，采風出版社，1985年，頁32-36。

5. 張瑞芬：〈文學兩「鍾」書－徐鍾珮與鍾梅音散文的再評價〉，《霜後的燦爛：林海音及其同輩女作家學術研討會論文集》，李瑞騰主編，文資中心出版，中央大學中文系編印，2003年，頁385-424。

第六章

謝冰瑩

——馳騁沙場與文壇的不老女兵

謝冰瑩是一文壇奇女子，自小便與傳統桎梏對抗，就學期間毅然從軍參與北伐，她的作品《抗戰日記》、《女兵自傳》感動了多少時代青年，從她的作品中，我們看到了女性的堅毅以及歷史的悲劇。

與眾不同的小鳴岡

謝冰瑩，1906年的陰曆9月5日出生於湖南省新化縣，原名謝鳴岡。父親是清朝的舉人，因記憶力好，在鄉里間人稱「康熙字典」，謝冰瑩承其父的優點，五歲就開始閱讀《唐詩三百首》、《隨園女弟子詩》、《史記》等書，能背誦大半篇章。謝母是個傳統的女性，她要謝冰瑩少讀書、學女紅、纏小腳、穿耳洞，甚至幫她定了一門親事，但謝冰瑩不願意聽從母親的安排，總是半夜裡將纏腳解開，十歲時為了要上小學唸書，絕食三天，母親才答應讓她進私塾，足見其

文
學
風
華

《女兵自傳》記錄了謝冰瑩
從軍的經歷（作者翻拍）

寫作《女兵自傳》時期的照片
取自國家圖書館「當代文學史料影像全文系統」

性格之剛烈。

在私塾一年後她便轉到女校，隨後又報考湖南省立第一女子師範學校，在這裡念了五年書。由於父親常教她讀古文，二哥教她閱讀世界文學名著，三哥編輯報紙副刊，總是鼓勵她投稿並為她修改稿子，奠定她走上文學之路的基礎和信心。15歲時，使用筆名「閒事」於長沙李抱一先生辦的《大公報》上，發表生平第一篇短篇小說〈剎那的印象〉，描寫一位女性如何勇敢地向封建社會進行無畏的鬥爭，年紀雖輕卻已看到封建社會對女性的束縛。

1926年二哥看了報紙徵兵的消息，因自己也深受封建婚姻之苦，不願見到妹妹痛苦，急忙跑到學校告訴謝冰瑩：「如果你不參加革命，你的婚姻痛苦解決不了，你的文學天才也無從發展，為了你將來的前途，從軍是目前唯一的出路！」受了這個鼓舞，謝冰瑩毅然決然投筆從戎，她考進中央軍事學校女生隊，次年參加北伐。因為謝冰瑩從小就有寫日記的習慣，所以她的從

軍生涯，自然成了她特殊的文學經驗，1928年《從軍日記》出版，林語堂先生譯為英文發表，在國家危難之際，這類鼓舞人心的戰鬥文藝，深受國內外讀者的歡迎，國際作家如美之高爾德、法之羅曼．羅蘭，讀之皆為欣賞，來信表示敬意，日本藤枝大夫更取之為教材，後又有法、日、韓、俄等國譯文。

向傳統宣戰，為理念而活

綜觀中國現代文壇中，馳騁於沙場又於文學創作上有一番成績的女作家，似乎只有謝冰瑩一人，她以梅花耐寒報春的品格自勉，取筆名「冰瑩」。關於從軍，她自言：「在這個偉大的時代裏，我忘記了自己是女人，從不想到個人的事，我只希望把生命貢獻給革命，只要把軍閥打倒了，全國民眾的痛苦都可以解除，我只希望跑到戰場上去流血，再也不願為著自身的什麼婚姻而流淚歎息了。」北伐結束後，謝冰瑩回到家鄉，母親對於她從軍相當不諒解，於

參加湖南婦女戰地服務團
取自國家圖書館「當代文學史料影像全文系統」

在羅店寫《新從軍日記》的謝冰瑩（1937年）
取自國家圖書館「當代文學史料影像全文系統」

謝冰瑩的手稿
翻攝自謝冰瑩《謝冰瑩自選集》

是逼著她快點成親,謝冰瑩對於包辦婚姻十分反彈,且她心中已經有一個抗戰伙伴——符號,於是她想到了「逃」,但母親以死相逼,最後謝冰瑩勉強上了花轎,在自傳中她自言,到了夫家,她三天三夜不睡,與丈夫講道理,最後丈夫終於因為無法說服這位雄辯多才的妻子而答應離婚。旋即她趕到武昌與符號見面,兩人以賣文為生,過著相當艱苦的生活,後來轉到北平,謝冰瑩好不容易在《民國日報》找到一個編副刊的工作,兩個月後,因她編的副刊「言辭激烈」,又積極參加左翼活動被國民黨視為異端,報刊被查禁,生活陷入困頓,偏偏此時符號被捕入獄,謝冰瑩便自行到上海謀生,多年後因誤傳符號已死,謝冰瑩另嫁。1942年出版《姊姊》一書,其中〈姊姊〉一文便是批評包辦婚姻對女子造成不幸及痛苦,可見謝冰瑩對弱勢女性的關懷。

1931年及1935年謝冰瑩兩次赴日,進早稻田大學研究,1936年4月因拒絕歡迎偽滿皇帝溥儀朝日,而遭到日

本警察逮捕，在獄中受盡各種酷刑，1940年將這段經歷寫成《在日本獄中》出版。抗戰期間，謝冰瑩多次組織婦女戰地服務團，帶領女性到前線為負傷將士服務，她的行為及文章感動了時代青年，她剛毅的個性及強烈的愛國心，鼓舞許多人投入抗戰行列，日後她將抗戰的所見所聞寫成《軍中隨筆》、《第五戰區巡禮》等書。她也時常在副刊上發表文章、時論，這些都是謝冰瑩的親身經歷，也是她對國家的期望，由於言論過於激烈，以及批評當局，所以引起政府的不滿，愛國的她竟也面臨被列入黑名單的命運，於是她為躲特務，開始一段躲躲藏藏的日子，並於此時完成《女兵自傳》，將自己戲劇性的前半生訴諸文字。她一次次的上戰場，全因她的理想：「我沒有一天停止過我的工作，雖然我個人是勝利了，一步步接近了光明、幸福。但回顧整個的國家仍然在被敵人侵略著，全中國的婦女還在過著被壓迫、被輕視、被歧視的生活，我不能放棄我的責任，仍然要向著人類的公敵進攻；總之一句話，我的生命存在一天，就要和惡勢力奮鬥一天。」

謝冰瑩在抗戰期間主編過副刊《血潮》、《廣西婦女》週刊、《黃河》月刊等。1945年於漢口創辦幼稚園，開啟日後創作兒童文學的契機，1948年她受聘到臺灣省立師範學院任教，其間也到菲律賓、馬來西亞教學，將旅遊的異國經驗寫成《菲島遊記》、《冰瑩遊記》、《馬來亞遊記》、《海天漫遊》等書。1955年任臺灣省婦女寫作協會監事，在寫長篇小說《紅豆》時遇到瓶頸，她突發奇想搬到廟裡住，結果文思泉湧順利完成小說，1956年她便皈依佛門，法名瑩慈，並曾改寫佛經故事出版《仁慈的鹿王》和《善光公主》。1971年在往美國探視兒子的油輪上摔斷腿，後便退休移民美國，1984年獲中

謝冰瑩旅居美國後的隨筆
《舊金山的霧》（作者翻拍）

國文藝協會榮譽文藝獎章，並被譽為中華民國最傑出的女作家之一。

精神與作品合一的女兵文學

　　謝冰瑩正直、正義的個性在她的文章中隨處可見，生於清末的她從不受傳統的束縛，她努力衝破桎梏，也勸女性同胞要活出自我，可說是思想十分進步的時代新女性，然而她在六〇年代與蘇雪林聯手抨擊郭良蕙的小說《心鎖》，批評內容荒淫有損社會風氣，導致《心鎖》被禁，郭良蕙被三個文學社團退社，是為文學史上著名的「心鎖事件」，這卻又與她的作風背道而行，令人費解。

　　整體而言，謝冰瑩的文學是真實不作假的，就像日記一樣，對於文學創作，她說：「我的作品主要是紀實的。日記、傳記文學當然必須完全真，就是小說也都有真實的模子。」她從不創作虛假的故事，沒有經歷過的她絕對寫不出來，她認為這樣「沒有感情」，因此

文壇上常用「文如其人」形容謝冰瑩，
而她的文章也確實「直、真、誠」。林
雙不曾在《青少年書房》一書說：「謝
女士的文字樸實無華，但是自然流暢。
從《女兵自傳》的字句看來，幾乎沒有
一個字不通俗，卻幾乎沒有一個地方不
順暢。一方面緊張有趣的故事當然會使
讀者急於往下看，而稍微忽略文字的轉
折，但主要的，還是要歸功於作者精純
的鍊字功夫。」

　　謝冰瑩的創作量驚人，共計出版
七十多本書，她的文學與精神合而為
一，表現了當時轟轟烈烈的偉大時代，
毫不掩飾自己的愛國熱忱，也表現了自
己身為新時代女性的思想、感情及其艱
苦的生活，閱讀她的作品，就像走進歷
史一樣，她為後代留下了歷史的見證。
謝女士於2000年1月5日病逝，享年94
歲。

謝冰瑩晚年照片
取自國家圖書館「當代文學史料影像全文系統」

謝冰瑩的素描圖
翻攝自謝冰瑩《謝冰瑩自選集》

謝冰瑩年表

年份	年齡	事　蹟
1906	1	出生於新化大同鎮謝鐸山，本名謝鳴岡。
1911	5	開始識字，曾有五十多種著作的父親，為她取了一個學名叫「鳴岡」，首先教她讀唐詩。
1914	8	一本《隨園女弟子詩》和《唐詩三百首》，她已能背得一半了。
1916	10	為爭取讀書識字的機會，經過三天三夜的絕食，總算讓母親答應先去私塾讀書。
1918	12	進入大同女校，不久，卻因一次學潮而半途停學。 是年秋天改進縣立高等女子小學校。
1920	14	轉學到益陽的信義女校就讀，於五七國恥紀念日在校內遊行，結果被學校開除了。
1921	15	於長沙李抱一先生辦的《大公報》上，使用筆名「閒事」發表了生平第一篇短篇小說〈剎那的印象〉；接著，她又有所感地寫了千餘字的〈小鴿子之死〉發表。
1922	16	由父親親自送她到長沙報考湖南省立第一女子師範學校。 在女子師範唸了五年，這期間，是她展露文學才華的第一階段。
1926	20	經二哥遊說投筆從戎，以第一名考取武漢中央軍事政治學校第六期女生部。
1927	21	參加北伐，著《從軍日記》，發表於《中央日報》副刊，用的筆名就是「冰瑩」二字。 軍政學校女生隊解散，為擺脫婚姻的枷鎖，逃到上海並考取上海藝術大學中國文學系。 認識第一任丈夫符業奇。
1928	22	散文《從軍日記》由上海市春潮書局出版，被林語堂譯成英文，茅盾等予以嘉評，謝冰瑩由此名聲大震。 上海藝大解散，轉往北平，受三哥幫助進入國立北平女子師範大學中國文學系就讀。
1930	24	小說《青年王國材》由上海市開華書局出版，《前路》由上海市光明書局出版。 散文《青年書信》由上海市北新書局出版，《麓山集》由上海市光明書局出版。
1931	25	首次赴日，入東京早稻田大學研究。

1932	26	日軍又進攻上海,她再度獻身實際的愛國行動,推動中國婦女共同參加前線慰勞的救護工作。 和謝文炳、方瑋德、郭莽西、遊介眉於廈門創辦了《燈塔》月刊,但只出刊兩期便被迫停刊。
1935	29	再次赴日,入東京早稻田大學研究。
1936	30	因"抗日反滿罪"在日本被捕,入獄拘禁三週。 三月,傳記散文《一個女兵的自傳》由上海市良友圖書公司出版,聲名大噪,日後相繼被譯成英、日等10多種文字。
1937	31	七月七日抗戰開始,冰瑩女士組織湖南婦女戰地服務團,隨第四軍赴東戰場前線,為負傷將士服務。 編輯《廣西婦女》週刊。 散文《軍中隨筆》由上海市廣州日報社出版,《湖南的風》由上海市北新書局出版。
1938	32	又上了前線,到了第五戰區。以戰地記者的身份,抵達臺兒莊前線,同年秋天,她又回到重慶擔任國民政府教育部編輯的工作。 報導文學《在火線上》由上海市生活書局出版,《第五戰區巡禮》由廣西市廣西日報社出版,《新從軍日軍》由上海市天馬書局出版,《戰士的手》由重慶市獨立出版社出版。
1939	33	到重慶,並在報上發表消息,動員民眾組織婦女上前線為傷患服務。 四月五日到宜昌,為九十四軍作講演,並組辦救護人員訓練班。認識在基督教全國總會任訓練主任的賈伊箴,並與之結婚。
1940	34	《一個女兵的自傳》由林語堂的兩個女兒如斯和太乙翻譯成英文,由紐約的John Day Company發行。 應新中國文化書局之聘,赴西安主編《黃河》文藝月刊三年,後赴成都任教。 報導文學《在日本獄中》由上海市遠東圖書公司出版。
1941	35	自傳《一個女性的奮鬥》由香港世界文化出版社出版。 小說《梅子姑娘》由西安市新中國書局出版,《抗戰文選集》由西安市建國出版社出版。
1942	36	小說《姊姊》由西安市建國出版社出版,散文《寫給青年作家的信》由西安市大東書局出版。
1945	39	日本投降,她到漢口主編《和平日報》與《華中日報》副刊。 因喜愛兒童,故創辦「幼幼托兒所」,萌發她對寫作兒童文學的興趣。

1946	40	應母校北平師範大學之邀開授「新文藝習作」一課。 主編《文藝與生活》月刊。 散文《生日》由上海市北新書局出版，小說《離婚》由上海市光明書局出版。 合集《冰瑩創作選》由上海市新象書局出版。
1947	41	自傳《女兵十年》由北平市紅藍出版社出版。
1948	42	與夫婿同赴臺灣，任臺灣省立師範學院(後改為師大)教授。 《一個女性的自白》由東京岩波書局出版，作家魚返善雄翻譯。(《女兵自傳》日譯本)。
1949	43	傳記散文《一個女兵的自傳》由上海市晨光出版社再版。
1954	48	小說《紅豆》由台北虹橋出版社出版，《聖潔的靈魂》由香港亞洲出版。 散文《愛晚亭》由台北市三民書局出版。
1955	49	自傳《我的少年時代》由台北市正中書局出版，《一個女兵的自傳》由台北市力行書局再版。 散文《綠窗寄語》由台北市三民書局出版。 小說《霧》由台南大方出版社出版。 兒童文學《太子歷險記》、《動物的故事》、《愛的故事》由台北市正中書局出版。
1956	50	皈依佛門，法名瑩慈。 小說《碧瑤之戀》由台北市力行書局出版，遊記散文《冰瑩遊記》由台北市上海書局出版，《菲島記遊》由台北市力行書局出版。
1957	51	散文《故鄉》由台北市力行書局出版。
1958	52	赴馬來西亞太平市華聯中學任教，兩年後歸台。
1961	55	論文《我怎樣寫作》由台北市學生書局出版。 遊記散文《馬來亞遊記》由台北市力行書局出版。
1963	57	小說《空谷幽蘭》由台北市廣文書局出版。 兒童文學《仁慈的鹿王》由台中市慈明月刊出版，《給小讀者》由台北市蘭開書局出版。
1964	58	論文《文學欣賞》由台北市三民書局出版。 兒童文學《南京與北平》由台北市華國出版社出版。 《女兵自傳》韓文本由韓國乙酉文化社出版。
1966	60	兒童文學《林琳》由台北市教育廳出版，《小冬流浪記》由台北市國語日報社出版。

1967	61	散文《作家印象記》、《我的回憶》由台北市三民書局出版，《夢裡的微笑》由台南市光啟出版社出版。
1968	62	小說《在烽火中》由台北市中華文化復興出版社出版。 遊記散文《海天漫遊》由台北市三民書局出版。
1969	63	兒童文學《善光公主》由台北市慈航雜誌社出版。
1971	65	八月，自台赴美探親，在「復旦輪」船上跌斷右腿，並因右腿跌斷退休移居三藩市。 散文《生命的光輝》由台北市三民書局出版。
1974	68	散文《舊金山的霧》由台北市三民書局出版。
1975	69	散文《冰瑩書柬》由台北市立行書局出版，《觀音蓮》由台北市玄奘寺出版。
1976	70	《女兵自傳》中央電影製片廠拍成電影，名「女兵日記」，發行海內外，甚受歡迎。 與人合著《新譯四書讀本》由台北市三民書局出版。
1977	71	與邱燮友、劉正浩合著《中華文化基本教材》由台北市三民書局出版。
1980	74	譯注《新譯古文觀止》由台北市三民書局出版。 傳記散文《女兵自傳增訂本》由台北市東大書局出版。 小說《謝冰瑩自選集》由台北市黎明書局出版。
1981	75	兒童文學《舊金山的四寶》由台北市國語日報社出版。 散文《給青年朋友的信》（上）（下）由台北市東大書局出版。
1983	77	合集《新生集》由台北市普濟寺出版。
1984	78	獲中國文藝協會榮譽文藝獎章。 兒童文學《小讀者與我》由香港文化互助社出版。 報導文學《我在日本》由台北市東大書局出版。
1987	81	散文《冰瑩書柬》由台北市東大書局再版。
1991	85	散文《冰瑩書信》、《冰瑩憶往》，遊記《冰瑩遊記》由台北市三民書局出版。
2000	94	1月5日病逝，享年94歲。

【延伸閱讀】

1. 黃章明：〈永遠的女兵謝冰瑩〉，《文訊》第5期，1983年11月，頁 70-85。

2. 彭歌：〈溫故知新，從「女兵自傳」看五四精神〉，中華日報，1988年 4月1日、2日，第17版。

3. 〈重上征途〉、〈一個悲慘的印象〉、〈刮刮叫〉、〈踏進了偉大的戰 場——台兒莊〉，《抗戰日記》，台北東大出版社，1981年。

4. 〈我進了私塾〉、〈近視眼先生〉、〈未成功的自殺〉、〈被母親關了 起來〉、〈做了母親〉，選自《女兵自傳》，台北力行出版社，1971 年。

第七章

孟瑤

——學者兼作家，票戲兼創作

五〇到六〇年代的小説家之中，創作量最多的當推孟瑤女士。從1949年以〈弱者，你的名字是女人〉正式踏入文壇開始，到1994年最後一部作品《風雲傳——兩宋的英雄兒女》完成，共出版了七十多部作品。不僅創作量驚人，更橫跨創作、學術、戲劇三者之間而游刃有餘。時至今日，孟瑤的文名似已被許多讀者淡忘，藉這次女作家系列介紹，讓我們重新審視這位身兼學者作家，更兼戲劇家於一身的孟瑤，到底憑藉怎樣的力量，如何不畏艱辛地走過這條文學之路。

豐富精彩的成長經歷

孟瑤，本名揚宗珍，湖北漢口人，1919年5月29日生於漢口市。祖父是儒醫，以醫德稱頌鄉里。孟瑤的母親生了十二胎，被養活的只五個兒女。因為前面有兩個姐姐不幸夭折，所以雖在重男輕女的家庭中，孟瑤依然

文學風華

孟瑤的素描圖
翻攝自孟瑤《孟瑤自選集》

孟瑤清唱崑曲
翻攝自孟瑤《孟瑤自選集》

是父母的掌上明珠，母親常摟著她、吻著她，親暱地叫著：「珍珍姑，珍珍姑！」北伐成功後定都南京，孟瑤的父親被調到南京當官。因此她的童年是在南京打發的。母親因為住慣漢口，非常討厭喝井水，點油燈，走碎石路；但孟瑤卻對這些留下了極美好的印象，這是她童年回憶寄託的所在。童年光景中，最令她津津樂道的是，出生在一個戲迷家庭：從祖父到父親都為戲癡迷。雖然父親嚴格管教孩子，對於看戲卻有極大的自由。孟瑤甚至偷偷學起父親到後台與演員討論的習慣，小孟瑤上行下效的將戲癮越養越大，這樣的興趣一直持續到當了學者、作家的孟瑤。

1934年孟瑤插入漢口市立女子中學一直唸到高中畢業。1938年她參加了全國第一次的大學會考，被分發到國立中央大學文學院歷史系。此時戰爭已爆發，學校遷到沙坪壩，父親便讓孟瑤與哥哥們先到重慶。這段期間，孟瑤自認是一生最無憂無慮的日子，碰巧作家潘人木也與孟瑤同班。中央大學名師如

雲，除了上歷史系的課之外，她也同時旁聽中文系胡小石、盧冀野等人的中國文學課程。雖然抗戰日子辛苦，可是這一群大學生盡情揮灑青春，四年裡孟瑤與從前一樣跟著大家看戲聽戲，參加平劇社與同學互相切磋。此時遇到了航空系的張君，1942年畢業後隨即與之結婚。

粉墨登場的孟瑤（一）
取自國家圖書館「當代文學史料影像全文系統」

創作與教書的生活

1949年來台，最初於民雄高中執教，旋即應聘於臺灣省立台中師範學校。同年向《中央日報》〈婦女週刊〉投稿，便開始用父親起的號：「孟瑤」為筆名。1951年於《中央日報》連載「給女孩子的信」專欄。隔年開始發表小說，一是在《自由青年》連載的《美虹》；一是在《暢流》連載的《心園》，頗受好評，至此以後便專注經營長篇小說。1953年以《危巖》獲得中華文藝獎金，在文壇展露頭角。

對於小說體裁，孟瑤自認較適合

孟瑤手稿
翻攝自孟瑤《孟瑤自選集》

寫長篇，她說：「短篇小說最不好寫，因為取材必須是『一瞬間的不朽』，精緻耀眼如寶石，可把握處稍縱即逝；否則以一般材料應付，不是不精彩，便易成『長篇小說的故事大綱』。」所以她多年寫作都以長篇為主，只有偶然報章主編索稿，才寫些短篇。1962年她應梁實秋先生之邀，赴新加坡南洋大學任教，教授「新文藝」、「中國小說史」、「中國戲劇史」課程，這也開啟了孟瑤撰寫文學史的契機。1964年到1966年間，陸續出版了《中國戲劇史》、《中國小說史》，1973年更完成三十七萬字的《中國文學史》鉅作。三史的完成，不但使她在學術上有一張亮麗的成績單，1969年起孟瑤更開始一連串「歷史新探」，以歷史題材撰寫多部歷史小說，展現出與五〇年代專注愛情主題的不同風貌。

孟瑤來台後主要在教育界服務，尤其中興大學服務整整十一年之久。在她擔任中興大學系主任時，大大加強現代文學的課程，禮聘琦君、王慶麟

粉墨登場的孟瑤（二）
取自國家圖書館「當代文學史料影像全文系統」

（瘂弦）等人來授課。在學業之外，孟瑤也曾自掏腰包讓學生辦藝文活動，節目年年創新令人刮目相看。此外，她對戲劇的熱愛，一生未曾稍減，公務繁忙之餘，仍舊熱心投入戲劇表演。在台中任教的十幾年裡，孟瑤不僅參與過公演，更與戲迷朋友組成友聯票社，替郭小莊的「雅音小集」改編傳統戲曲〈感天動地竇娥冤〉、〈韓夫人〉等。這些成果，無疑成全她幼時對戲劇的夢想，也擴增她的藝術與學術領域。

橫跨各領域之暢銷作家

　　孟瑤創作力驚人，發表的體材、範圍尤其多樣。正式踏入文壇的數十年間，七十多部作品涵蓋的類別有長短篇小說、學術著作、劇本、散文、童話，涉足領域多元。她曾自言創作心得：「對於創作，我一向自卑，因為沒有受過嚴格的專業訓練，不過由於愛好，『擇善固執』而已。」大陸學者劉登翰曾將孟瑤小說分為三類：一是以描寫愛情為題材，讚揚美好的情愫與人格的一類，如：《心園》、《曉霧》等；二是揭示社會人生問題，如：《飛燕去來》；三是表現傳統文化精神的歷史小說，如：《杜甫傳》等。撰寫《孟瑤評傳》的吉廣輿，則把孟瑤漫長的創作歷程分為五期，依內容分成：（一）世變小說，如：《亂離人》；（二）人情小說，如：《美虹》；（三）梨園小說，如：《學生的故事》；（四）移民小說，如：《盆栽與瓶插》；（五）歷史小說，如：《龍虎傳》。總體而言，孟瑤小說以描寫愛情、親情的通俗故事居多，簡單易懂為大眾所愛讀，被稱為瓊瑤

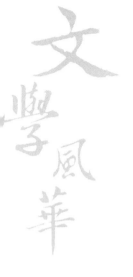

之前的暢銷女作家。中晚期寫的歷史題材小說，也是女作家之中較少人嘗試的領域，其通俗性、能吸引廣大讀者，是孟瑤文學的重要特色之一。

孟瑤早期小說以《心園》為代表，也深受她本人喜愛。故事背景是她畢業任教的第一所學校：重慶私立廣益中學。她創作出個性迥異的兩位女主角亞玟與曰涓，一個性格活潑外放、自由無拘，另一個外表有缺陷個性自治嚴謹，兩人同時愛上校長田耕野；作者有意藉著這三角戀情，闡釋愛與美的最終意義。同時期作家張秀亞分析《心園》，認為「這本小說中的每個人物都有其不同性格。…那個被『美』開除了的曰涓，代表作者心目中最高的美，正如亞玟代表了詩，而耕野代表了藝術的精神。」

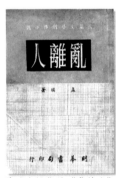

孟瑤小說作品《亂離人》
（作者翻拍）

1976年出版的《盆栽與瓶插》也頗有特色。小說透過幾個留美學生，描寫他們不同的價值觀與民族意識。本書為孟瑤赴美依親之後的生活與感觸，她對「移民者」的結論是：任憑如何

努力，也總是盆栽或瓶插之區別。接續
此書，孟瑤陸續創作了《望鄉》、《春
雨淋淋》、《寒雀與孤雁》，成為一系
列「移民小說」。吉廣輿認為這四部小
說：「是孟瑤所有小說裡面，寫實色彩
最鮮明、批判意味最凌厲的作品，尤以
《盆栽與瓶插》為最具代表性。」

　　1979年因系主任公務繁忙病倒，
她才辭退工作在家養病。幾年間身體漸
漸康復，但基於對文學的熱愛，她病中
仍發表了幾部小說及論文。1997年她
的學生吉廣輿以孟瑤為學術研究對象，
相繼出版了《孟瑤讀本》、《孟瑤評
傳》，使其作品有機會得到更多人研究
與評價。2000年10月，孟瑤孤單告別
了人世。我們從紛亂的新世紀回顧她的
一生，覺得更不能遺忘她，因為從她不
懼辛勞的奉獻中，我們看到了對文學、
戲劇最單純的熱情。

講述移民者生活的小說作品
《盆栽與瓶插》（作者翻拍）

孟瑤晚年照片
取自國家圖書館「當代文
學史料影像全文系統」

孟瑤年表

年份	年齡	事　蹟
1919	1	5月29日出生於湖北省漢口市，本名揚宗珍。
1928	10	北伐成功，奠都南京。全家隨父親到南京上任。此時，就讀江蘇省南京女子中學實驗小學。
1932	14	就讀省立南京女子中學。
1933	15	母親病逝，享年39歲。
1934	16	父親調職武漢，遷回漢口市。轉入漢口市立第一女子中學就讀。
1935	17	直升漢口市立第一女子中學。
1938	20	國民政府遷至陪都重慶。高中畢業，參加全國第一屆大會考，分發至國立中央大學歷史系，在重慶沙坪壩展開大學生活。
1942	24	大學畢業。8月，接受重慶私立廣益中學文史教員聘書，開始了教學生涯。小說《心園》則為此時期之投影。與大學同學張君結婚。
1944	26	遷往成都，長子張無難出生。
1945	27	抗戰勝利，辭去教職返鄉。
1949	31	隨國民政府來台。先執教於省立雄高級中學，後旋即應聘臺灣省立台中師範學校。 正式開始寫作生涯。首篇文章〈弱者，你的名字是女人〉投稿於《中央日報》〈婦女週刊〉，以父親取的別號「孟瑤」為筆名。之後於《中央日報》陸續發表《給女孩子的信》，共二十篇。
1952	34	4月，第一部長篇小說《美虹》完稿，連載於《自由青年》。 11月，小說《心園》完稿，連載於《暢流》半月刊。
1953	35	5月，小說《危巖》完稿，連載於《文藝創作》，並獲得中華文藝獎，始獲文壇注目。同月，小說《美虹》由重光文藝出版社出版。 7月，小說《心園》由暢流出版社出版。
1954	36	2月，散文集《給女孩子的信》由中興文學出版社出版。 3月，小說《幾番風雨》完稿，連載於《自由中國》月刊。 4月，小說《蘿》完稿，連載於《文藝月報》。 6月，小說《窮巷》完稿，連載於《暢流》半月刊。 8月，小說《柳暗花明》完稿，連載於《今日婦女》月刊。 9月，小說《追蹤》完稿，連載於《大華晚報》副刊。
1955	37	8月，應聘至臺灣省立師範學院國文系兼任教師。 12月，小說《斜暉》完稿，連載於《自由中國》月刊。

1956	38	5月，小說《黎明前》完稿，五十餘萬字，為孟瑤小說中規模最為龐大者。
1957	39	6月，小說《曉霧》完稿，連載於《海風》月刊。 12月寫作總字數已達207萬字以上。
1958	40	1月，小說《亂離人》完稿，連載於《自由中國》月刊。受到林語堂關注，請外交官昭瀛譯成英文於美國發表，為孟瑤小說首次譯介到國外。 同月，小說《杜鵑聲裏》完稿，連載於《中華婦女》雜誌。 5月，小說《流浪漢》完稿，連載於《自由談》月刊。 6月，小說《斷夢》完稿，連載於《中華日報》副刊。
1959	41	1月，小說《生命的列車》完稿，連載於《臺灣新生報》副刊。 3月，小說《黎明前》連載於《大華晚報》副刊。 5月，小說《含羞草》連載於《中華日報》副刊。 6月，小說《荊棘場》完稿，連載於《徵信新聞報》副刊。 8月，升任臺灣省立師範大學國文系副教授。 11月，小說《小木屋》完稿，連載於香港《星島晚報》星光版，為香港報刊連載之始。小說總字數已達三百萬字以上。
1960	42	7月，小說《危巖》完稿，連載於《文壇》季刊。
1961	43	1月，小說《卻情記》完稿，連載於新加坡《蕉風》雜誌，為新加坡雜誌連載之始。
1962	44	應梁實秋之邀，赴新加坡南洋大學中國文學系任教，講授「新文藝」、「中國小說史」、「中國戲劇史」三門課程，為往後的三史開啟了寫作契機。 7月，《孟瑤自選集》編選完成，由幼獅文化公司初版，為短篇小說第一次集結。 9月，《卻情記》由大業書店初版，並獲得教育部文學獎得主。
1963	45	1月，開始撰寫「孟瑤三史」，為學術研究奠基。 3月，《遲暮》編成，蒐集發表於各報刊之短篇小說成輯，由文化圖書館公司出版，為短篇小說第二度結集。
1964	46	7月，小說《畸零人》完稿，連載於《聯合報》副刊。 10月，《中國戲曲史》完稿，連載於《聯合報》副刊，為「孟瑤三史」之一。孟瑤對此部作品，為三史中期望最高的一部。
1965	47	2月，《中國小說史》完稿，為三史中的第二部，樹立其教學成就。 10月，小說《學生的故事》完稿，連載於《中國時報》副刊。本作為孟瑤第一部以梨園為背景之戲劇小說。

1966	48	7月，小說《退潮的海灘》完稿，連載於《皇冠》雜誌。 8月，由新加坡返台，應聘至臺灣師範大學國文系任教，教授《史記》、《中國文學史》兩門課程。
1967	49	7月，小說《這一代》完稿，共三十萬字，連載於《徵信新聞報》副刊，創下小說字數高峰。 9月，童話《荊棘》完稿，連載於《國語日報》，為「孟瑤五童話」之始。 12月，童話《忘恩負義的狼》完稿，連載於《國語日報》。
1968	50	受徐復觀及李漁之力邀，至中興大學中國文學系開課，講授「新文藝」、「史記」、「中國文學史」，並升任為教授。
1969	51	9月，小說《這一代》榮獲中山文藝獎。 10月，歷史小說《杜甫傳》完稿，連載於《臺灣新生報》副刊，下開一系列史傳小說之成形。
1970	52	1月，小說《弄潮與逆浪的人》完稿，連載於《中國時報》副刊。
1971	53	1月，小說《兩個十年》完稿，連載於《中國時報》副刊，並獲嘉新文藝獎。 5月，歷史小說《英傑傳》完稿，連載於《大華晚報》副刊。
1972	54	3月，應台北國際崇社之邀，登台演出〈四郎探母〉，扮楊延輝一角，為生平第一次正式登台清唱。同月，歷史小說《龍虎傳－漢武帝的故事》完稿，連載於《中國時報》副刊。
1973	55	5月，〈投書〉發表於《書評書目》雙月刊第五期，澄清《中國戲曲史》之一段疑雲。同月，《孟瑤短篇小說集》編成，由皇冠出版社初版，蒐集歷年發表於《皇冠》及報刊上的短篇小說。 7月，《中國文學史》完稿，完成「孟瑤三史」。
1974	56	5月，小說《驚蟄》完稿，連載於《中國時報》副刊。
1975	57	7月，接掌中興大學中國文學系第三屆主任，銳意改革，並在中文系「崑曲社」。
1978	60	1月，因整頓系務，心力負荷過重，已達心力交瘁之地步。 自述〈偶回首〉發表於《幼獅文藝》二八八期。 8月，〈自傳〉編入《孟瑤自選集》，黎明文化公司出版。
1979	61	8月，積勞成疾自中興大學中文系系主任職務退休，告別長達37年之教學生涯。隔年12月赴美就醫。
1981	63	5月，改寫劇本〈感天動地竇娥冤〉，交「雅音小集」公演。

1982	64	1月，小說《一心大廈》完稿，連載於《中華日報》副刊。 3月，改寫平劇劇本〈韓夫人〉，交「雅音小集」公演。
1983	65	2月，小說《女人·女人》完稿連載於《中華日報》副刊。 3月，為名伶至友金素琴粉墨登台演唱〈坐宮〉，扮楊四郎。 12月，寫作總字數正式跨越一千萬字大關。
1990	72	7月，廈門大學臺灣研究所選錄《心園》、《屋頂下》兩書編入《臺灣百部小說大展》，由海峽文藝出版社出版。
1991	73	3月，隱居佛光山，並應邀擔任中國佛教研究院開講《史記》。 6月，歷史小說《風雲傳－兩宋的英雄兒女》，連載於美國《世界日報》副刊，為孟瑤六史中架構最為龐大的一部。
1994	76	7月，吉廣輿編選《孟瑤讀本》，全書共十二萬字。對孟瑤的寫作歷程有一較完整的回顧。
1997	79	2月，英譯本《滿城風絮》由Edel M. Lancashire翻譯在倫敦出版。 5月，吉廣輿所撰《孟瑤評傳》提作香港新亞學院研究所碩士論文。
2000	81	10月6日，因腎衰竭病逝台北三軍總醫院，享年八十一歲。

【延伸閱讀】

1. 吉廣輿：《孟瑤讀本》，台北幼獅文化事業公司，1994年7月。

2. 吉廣輿：《孟瑤評傳》，高雄市立文化基金會，1998年8月。

3. 孟瑤：〈自傳〉《孟瑤自選集》，黎明文化公司，1979年 4月，頁 1-12。

4. 鐘麗慧：〈愛戲的教授小說家──孟瑤〉，《織錦的手》，九歌出版 社，1987年1月，頁61-74。

第八章

潘人木

——蓮漪哀樂，馬蘭如夢

人、木合起來是「休」字，有人認為取這個筆名就「休想出頭」了，但潘人木認為「休」字也有快樂的意思，而且她希望能與大家「休戚與共」，果不其然，潘人木的小說陪伴讀者至今，她注入最多心血的兒童文學，也持續發表出版，絲毫不因年齡的限制而失去她的童心，就如她所言：「好文章不舊不老，有如醇酒，越陳越香。」

與文學創作的不解之緣

潘人木，1919年生於遼寧省瀋陽市，原名潘佛彬，筆名潘人木乃是取佛彬的偏旁得之。在那個民風保守的時代，潘人木幸而生長在一個作風開明的家庭，她短髮、天足，小學時還站在台上演講由父親擬稿的「纏足之苦」，講得頭頭是道。由於是家中長女，潘人木比同年齡的孩子早熟懂事，有時弟弟因為任性而哭鬧，做姊姊的她就常被母親誤

獲頒五四文學貢獻獎時的潘人木
（文訊雜誌提供）

會而遭到責罵，委屈的她就學古時的
人告官那樣，將事情原委利用暗喻的方
式寫在狀紙上，向父親申訴，通常也會
得到滿意的回應，這一寫竟也寫出興趣
來，奠定她日後作文用詞通順、善用譬
喻的基礎。生於新舊文學交替的年代，
潘人木幸運地能靈活運用文言文與白
話文，這需歸功於父親的支持。她用文
言文寫狀紙，並且遍讀家中新舊文學書
籍，父親知道她喜歡閱讀，總是到處借
書以解她閱讀的渴望，即使是風雪交加
的夜裡，為了一本新書，父女倆仍不辭
辛苦地踏著積雪到朋友家中借書，由此
可見潘人木對閱讀的執著與熱愛。

　　不安定的時代，連年戰火不斷，
潘人木的求學也很不平靜，初一親歷
九一八事變，高中畢業又遇七七事變，
勝利後又經國共內戰。但學業一直未
輟，數學與物理十分拿手的她原本以清
華大學物理系為第一志願，可惜因七七
事變倉皇逃難，沒有攜帶太多書籍，
最後選擇考文科，1942年畢業於國立
中央大學外文系。潘人木大學時期開始

正式寫文章參加徵文比賽，也獲得不錯的名次，但是促使她寫作的動機卻是口袋缺錢零花。日後會持續文學創作則是基於一股特殊的使命感，八年抗戰期間她與家人分散，彼此不知生死安危，但母親有次去市場買花生米，意外發現包裝花生的紙是潘人木離家前，在北平讀書時學校留成績的作文紙，而紙上署名的便是「潘佛彬」，家人認為這是神明暗中送信息給他們，安慰因戰亂而失聯的他們。這件事給潘人木很大的感觸，因此也將寫文章這件事看得很嚴肅。

蓮漪哀樂，馬蘭如夢：潘人木的四部小說

　　大學畢業後潘人木進入重慶海關總署工作，一年後與任職中央銀行的黨恩來先生結婚，恰巧中央銀行欲在新疆開設新分行，需要有經驗的職員前往開墾，嚮往邊地風情的潘人木得知後，便慫恿先生前往新疆分行任職，於是舉家遷往新疆，在迪化居住了兩年多的時間。居住在新疆的潘人木並沒有因邊地悠閒的生活而荒廢了她的筆，這段時間她以新疆為背景寫了〈妮娜、妮娜〉、〈烏魯木齊之憶〉等多篇短篇小說，但是對創作出書不積極的她並沒有打算出版這些小說，一直遲至1981年經林海音女士再三催促，潘女士才慢條斯理地將1953年至1967年寫作的17篇短篇小說集結成《哀樂小天地》一書，並親自校對、修改，由此透露出潘女士對於書籍出版的慎重。邱秀芷將此書分為以新疆為背景、以大陸某些小城小鎮為背景、在臺灣以公教人員為背景的三類，潘女士以輕鬆的筆法，細膩的描寫刻劃各年齡層女性心理，極富趣味又耐人尋味，林海音說：「文筆幽默機智是她為文的

千呼萬喚始出來的
《哀樂小天地》（作者翻拍）

爾雅出版社2001年改版印刷
的《蓮漪表妹》（作者翻拍）

特色。讓人一口氣兒讀下去，痛快淋漓，掩卷回味，還會啞然失笑。」

1949年潘人木隨國府避戰來台，在反共的愛國情懷之下寫了《蓮漪表妹》一書（1952年出版），並獲得中華文藝獎金委員會第一獎，該書與紀剛《滾滾遼河》、王藍《藍與黑》、徐鍾珮《餘音》並列四大抗戰小說，然而書中並沒有一字批評共產黨，作者僅如實地將女主角白蓮漪一生悲慘的遭遇寫下來，特別著力於人性的刻劃，沒有善惡的評價，讓讀者自行判斷孰是孰非，故事中充滿緊張、鬥智、詼諧和深深的感慨，行文順暢清新，不似一般制式的反共小說，文獎會負責人張道藩先生說：「這部長篇…描敘的筆鋒，如精鍊醫師手中的解剖刀，在悠閒不迫之中處處見到細膩和敏捷。行文如一脈清泉，流過花草繽紛的巖壑，淙淙汩汩，一步一個新天地，一轉一個新境界。」難怪在經過半個世紀之後，多數的反共文學早已被時代淘汰，沒入歷史的洪流之中，而《蓮漪表妹》卻獲爾雅出版社的青睞，

於2001年改版重印，讓莘莘學子有此
機緣可以拜讀。潘人木的小說創作僅
《如夢記》、《蓮漪表妹》、《哀樂小
天地》、《馬蘭的故事》四部，量少卻
質精，除《哀樂小天地》外都獲得文獎
會大獎。

潘人木第二部長篇小說
《馬蘭的故事》（作者翻拍）

筆的兩端：創作與編書左右開弓

　　潘人木的筆一端是創作，另一端
是編書，1965年至1981年她任職於臺
灣省教育廳兒童讀物編纂小組編輯、總
編輯，主編《中華兒童叢書》、《中
華兒童百科全書》及數百冊兒童讀物，
也自行創作各種兒童讀物，於推動兒
童文學不遺餘力，1995年獲女作家協
會資深編輯獎，2000年獲頒楊喚兒童
文學獎特殊貢獻獎。退職後又替台英
社主編（Child Craft）《世界親子圖書
館》翻譯十六巨冊，其中《愛蜜莉》
一書於1996年獲第一屆小太陽獎最佳
翻譯獎，1999年又獲亞洲第五屆兒童
文學大會臺灣地區最佳翻譯獎，獲獎無

潘人木作品《愛蜜莉》曾獲頒
小太陽獎最佳翻譯獎（作者翻拍）

數，難怪作家劉枋忍不住稱她為「獲獎專家」。對於兒童文學的編輯及創作，潘人木以一顆嚴謹的心看待之，從來不敢輕忽怠慢，兒童是未來的棟梁，一位曾經為聯合國兒童基金會編寫兒童讀物的孟羅李夫來台演講時曾說：「看一個國家的兒童讀物出版情形，可以看出這個國家的未來。」因此一本好的兒童讀物是十分重要的，所以每次編書時潘人木總要親自看過每一篇文章，並刪除其中不合宜的文句，或者改寫不恰當的劇情，她要求文章用字要高雅，要合邏輯、文法，文字又乾乾淨淨，如此一來，小孩在讀這套書的時候，便能在潛移默化之中吸收文字的美，她認為「有怎樣的讀者，便有怎樣的書籍」，對於編書嚴格的把關，她自言：「自覺渾身長著長長的觸角，四個不同用途的大眼睛，手裡拿著一隻大筆，一個放大鏡，把守讀物的大門，不准在內容上、形式上、文字上有不良影響的稿件進入。」她認真的態度為自己贏得「潘先生」的敬稱，編輯部的同仁們不管男女老

周相露為潘人木攝影的照片
取自爾雅出版社《風采—作家的影像②》

少，對潘女士認真執著的行事風格都感到十分敬重，兒童文學作家林武憲先生也尊稱她為兒童文學的「掌門人」；林海音女士見她如此拼命，也忍不住讚美：「這套書雖不是她一個人的功勞，但她擺下去的心血最多。潘人木是這樣一種人，工作認真，不求名利，真正的名士派。」

潘人木平時最喜歡臥讀，總是拿著一本書、一盤零食就進入書中世界，渾然忘我，她也參加婦女寫作協會，但卻甚少出席，比起外面的繁華世界，她更享受寧靜的生活，澹泊名利，不居功也不貪圖名聲，將編兒童書歸功於大家共同努力的成果。1987年黨恩來先生於談天中悄然去世，痛失愛侶的潘女士強忍著悲傷，將心力投入《馬蘭的故事》的修改，以及後來童書的創作。潘女士是個左撇子，但是右手也能寫，左右開弓就像她筆的兩端一樣，一手寫小說，一手編書、寫兒童文學，她對小說及兒童文學的努力和用心獲得文壇的肯定，於2003年獲頒五四文學貢獻獎，可說是實至名歸。

潘人木於2005年11月3日下午二時因肺癌病逝於台大醫院，享年87歲。

潘人木年表

年份	年齡	事　蹟
1919	1	出生於遼寧法庫縣賀爾海。
1931	13	918事變後舉家遷往北平。
1942	24	畢業於國立中央大學外文系，並進重慶海關總署工作。
1943	25	與任職中央銀行的黨恩來先生結婚，舉家遷往新疆迪化。
1945	27	受聘於新疆市立師範女子學院教英文。
1949	31	舉家遷往臺灣。
1950	32	小說《如夢記》獲得中華文藝獎金委員會雙十節獎金第一獎。
1952	34	出版長篇小說《蓮漪表妹》，台北：文藝創作社。 小說《蓮漪表妹》獲得中華文藝獎金委員會 國父誕辰紀念獎金第一獎。
1954	36	小說《馬蘭自傳》獲得中華文藝獎金委員會 國父誕辰紀念獎金第三獎。
1962	44	獲得第三屆文藝獎章文學小說創作獎。
1965	47	加入臺灣省教育廳「兒童讀物編輯小組」。
1967	49	出版兒童文學《下雨天》，台中：臺灣省政府教育廳。
1968	50	出版兒童文學《快樂中秋》、《愛漂亮的蝴蝶》，台中：臺灣省政府教育廳。
1969	51	出版兒童文學《小畫展》，台中：臺灣省政府教育廳。
1970	52	出版兒童文學《天黑了》、《小鳥找家》，台中：臺灣省政府教育廳。
1971	53	任「兒童讀物寫作班」講師。 出版兒童文學《小螢螢》、《郵政和郵票》、《哪裡來》，台中：臺灣省政府教育廳。
1974	56	出版兒童文學《小紅與小綠》、《山上求歌》、《小寶寄信》，台中：臺灣省政府教育廳。
1975	57	出版兒童文學《亞男與法官》、《石頭多又老》、《大房子》、《有個太陽真好》、《討厭山》、《太空大艦隊》、《認識原子》、《我拔了一棵樹》、《小獅子的話》、《岩石》、《六隻腳的鄰居》、《十塊兒進城》、《咪咪的新衣》，台中：臺灣省政府教育廳。
1976	58	出版兒童文學《汪小小尋父》、《汪小小學醫》，台中：臺灣省政府教育廳。

1978	60	《冒氣的元寶》獲得教育廳第一期金書獎「最佳寫作獎」。 出版兒童文學《汪小小養鴨子》、《絨寶兒》，台中：臺灣省政府教育廳。 出版兒童文學《藍穀倉》，台北：國語日報社。
1979	61	《小螢螢》獲得教育廳第二期金書獎「最佳寫作獎」。 出版兒童文學《神鑼》、《金鈴兒》、《睡眠和夢》，台中：臺灣省政府教育廳。
1980	62	出版兒童文學《恐龍》、《鞭打老狼》、《小喜鵲抓賊》、《天空的謎語》、《蜘蛛我問你》、《這些鳥兒是我家》，台中：臺灣省政府教育廳。
1981	63	出版《哀樂小天地》，台北：純文學出版社。 出版兒童文學《二人比鑽》、《兒歌數十首》、《康爺醒》、《貓家的大貓》、《寫給太陽公公的信》、《動物的秘密》、《森林王國》，台中：臺灣省政府教育廳。
1984	66	任中華民國兒童文學學會理監事。
1985	67	再版長篇小說《蓮漪表妹》，台北：純文學出版社。 再版短篇小說合集《哀樂小天地》，台北：純文學出版社。 出版兒童文學《走金橋》、《小胖小》，台北：信誼文教基金會。
1986	68	出版長篇小說《馬蘭的故事》，台北：純文學出版社。 出版兒童文學《我會讀》，台北：信誼文教基金會。
1987	69	出版兒童文學《長頸鹿的脖子》，台中：臺灣省政府教育廳。
1989	71	出版兒童文學《數數兒》，台北：信誼文教基金會。
1990	72	獲得信誼基金會幼兒文學貢獻獎。
1994	76	出版兒童文學《小乖熊的兔兒爺》，台北：信誼文教基金會。 出版兒童文學《寶弟想長大》、《幾隻熊》，台北：光復書局。 出版兒童文學翻譯作品《五彩鳥》，台北：臺灣英文雜誌社。
1995	77	獲得婦女寫作協會資深編輯獎。 出版兒童文學《跟屁蟲》，台北：信誼文教基金會。 出版兒童文學翻譯作品《愛蜜莉》，台北：臺灣英文雜誌社。
1996	78	《愛蜜莉》獲得行政院新聞局小太陽最佳翻譯獎。 出版兒童文學翻譯作品《小帝奇》、《小藍和小黃》，台北：臺灣英文雜誌社。 出版兒童文學《你睡不著嗎？》，上誼出版社。

1997	79	出版兒童文學《起床啦，大熊！》，親親文化事業公司。
1999	81	獲得亞洲第五屆兒童文學大會最佳翻譯獎。 出版兒童文學《好吃的小東西》、《烏煙公公》，台北：民生報社。
2003	85	獲頒五四文學貢獻獎。
2005	87	11月3日下午二時因肺癌病逝於台大醫院。

【延伸閱讀】

1. 鐘麗慧：〈「蓮漪表妹」——潘人木〉，收錄於《織錦的手：女作家素描》，九歌出版社，1987年，P165-177。

2. 洪曉菁：〈兒童文學的長青樹——潘人木專訪〉，收錄於林文寶主編《兒童文學工作者訪問稿》，萬卷樓出版社，2001年，P28-52。

3. 王德威：〈蓮漪表妹——兼論三〇到五〇年代的政治小說〉，收錄於《小說中國：晚清到當代的中文小說》，麥田出版社，1993年6月1日，P71-93。

4. 《馬蘭的故事》，台北純文學出版社，1987年。

5. 《蓮漪表妹》，台北爾雅出版社，2001年4月20日。

第九章

郭良蕙

——勇於打開心鎖的小說家

綜觀今日文壇「美女作家」輩出，似乎這個稱號是時下流行產物。其實早在五〇年代便誕生了一位知名的「美女作家」——郭良蕙。郭良蕙不僅寫書、也主持節目，更曾拍過電影。而臺灣文學史上著名的「心鎖事件」，正是起因於她描寫男女情慾的著作《心鎖》。雖然曾面臨創作上的風波、感情上的挫折，郭良蕙仍勇敢的作自己，可說是時代新女性的代表。

最美麗的女作家

郭良蕙，原籍山東省鉅野縣，1926年7月10日生於開封一個世家中。自幼沉默孤獨，因受家庭教養之故，從小便熱愛藝術。中日戰爭爆發時，她才11歲，避亂於西安，也在那裡完成中學學業。16歲曾寫過幾首年少情懷的詩作，是她文學創作最早的紀錄。之後，考入成都四川大學，成為黃季陸先生

文學風華

郭良蕙倩影
取自國家圖書館「當代文學史料影像全文系統」

氣質脫俗的郭良蕙被譽為最美麗的女作家
取自國家圖書館「當代文學史料影像全文系統」

的得意弟子。1948年轉入復旦大學，畢業於復旦大學外文系。1949年與飛將軍孫吉棟結婚，而後赴台定居於嘉義。來臺初期，為增加生活收入，郭良蕙重新拿起筆，正式開始寫作的生涯。由於外文系的背景之故，從翻譯外國小說著手，曾譯過莫泊桑的作品。不久後，郭以為譯介外國作品並不能發抒己見，從而轉於從事小說創作。踏入文壇後，郭良蕙因外表亮麗、氣質脫俗，被文藝界朋友們封為「最美麗的女作家」。

郭良蕙發表了第一個短篇小說〈陋巷群雛〉，受到讀者的歡迎，爾後便經常於《野風》、《自由中國》、《幼獅文藝》……等當時著名雜誌上發表文章。當長篇小說〈泥窪的邊緣〉在《暢流》雜誌連載時，就已奠下她在文壇上的地位。創作力豐盛的郭良蕙，小說相繼推出，廣受讀者的喜愛，頓時成為媒體競相報導的對象。郭的小說也成為當時盜版商的最愛、廣播電臺也相繼播送她的小說，電影公司更找她拍片。

1961年，她更跨足電影劇本的創作，為天工電影公司編一齣喜劇電影〈君子協定〉。出版《心鎖》時，她的聲名達到最顛峰。雖然沸沸揚揚的「心鎖事件」，讓《心鎖》一書被禁，但是她並沒有放下筆來，就如郭嗣汾所言：「譽也好，毀也好，似乎都沒有動搖良蕙寫作的決心，她有自己的文學思想，對於文學的本質與功能，也有其獨特的看法」。

郭良蕙家居照片
取自國家圖書館「當代文學史料影像全文系統」

禁忌與衝突：「心鎖」事件

對於郭良蕙而言，「心鎖事件」的發生可說是創作生涯中最大的風波。1962年元月郭良蕙的《心鎖》先於《徵信新聞報》的〈人間〉副刊連載，而後由高雄大業書局出版。《心鎖》一書以夏丹琪為主角，為了報復情人的不忠，丹琪負氣地嫁給有錢有勢的醫生。婚後，舊情人成了妹婿，而小叔更是個情場高手，丹琪因此陷落於矛盾掙扎的情慾邊緣間。郭良蕙企圖藉由夏丹

1962年元月郭良蕙的《心鎖》於《徵信新聞報》的〈人間〉副刊連載，而後由高雄大業書局出版；並在第3版被後公開查禁，不准發售。（作者翻拍）

琪的角色，去詮釋人性間善與惡的衝突。然而，中國文藝協會及婦女寫作協會卻因本書內容涉及亂倫及性愛的描寫，聯名向政府檢舉主張禁書，青年寫作協會、婦女寫作協會和中國文藝寫作協會並同時開除郭良蕙的會籍。《心鎖》是在大業書店出第3版後公開查禁，不准發售。可是幾家「地下出版商」看出有利可圖，大量翻版，反倒成為暢銷書。

　　《心鎖》的正、負面的批評皆有，而其中名女作家謝冰瑩的論點尤其引人注意。謝冰瑩在〈給郭良蕙女士的一封公開信〉中說：「唉！良蕙，為什麼你要寫這些亂倫的故事？……你在後面還理直氣壯地提出藝術的問題，你要革命，反抗，反傳統，反封建，……於是你提倡『亂倫』，你借男主角的口吻說出人類都是和禽獸一樣需要性生活，整個的《心鎖》，描寫性行為，所以你發了財！這本書的銷路越好，你製造的罪惡越大！」這一段話，充分說明了「心鎖事件」的一切論爭的要點：《心鎖》一書是否與「色情」掛勾？是否以此作為嘩眾取寵的手段？是否為一部「黃色小說」？對於這種質疑，郭良蕙認為：「《心鎖》所以表現幾段大膽的筆墨，作者的本意只是加重於描寫心理變化的過程，如果有人指責作者為了爭取讀者或是騙稿費，似乎離題太遠了！今寫《心鎖》絕非寫多則濫，也非不惜羽毛，只為了不願落於窠臼，試走新路。這條路也許充滿了荊棘，將使我焦頭爛額，但我自信有勇氣接受一切打擊。」《心鎖》事件的打擊，並沒有讓郭良蕙頹喪、退卻，反而促使她以更認真的創作態度繼續從事寫作，也不因此避諱禁忌的話題，如《心鎖》之後出版的《第三性》更大膽地碰觸同性戀之議題，在當時的社會風氣下可說相當前衛。

後來香港《亞洲畫報》收羅了各家意見，在122、124期以專輯的方式討論此事件，內容以寫作自由與國家查禁書籍的問題為主，傾向支持郭創作的自由。而臺灣則出版了一本《心鎖之論戰》轉載20~30篇論戰的文字，轟動一時。《心鎖》解禁後，三度再版，並被翻拍成電影。90年代更出現兩本碩士論文探討「心鎖事件」背後所隱含性別問題，由這樣的再省思也算是還給郭良蕙及《心鎖》一個清白。

面對人性的真實

綜觀郭良蕙的創作，以小說為主，較少寫散文。因為她覺得：「散文是表現人生的片段，小說是表現人生的整體；散文常常是有感而發的，而小說是要有適度的誇張的。」重要著作有：長篇小說《心鎖》、《台北的女人》、《第三性》；散文《過客》、《世間多絕色》等近70部創作。早期的作品中，風格傾向溫婉細膩，想像力豐富。之後，則開始注重分析人性。郭良蕙小說內容以描繪從傳統橫跨到現代社會之都會男女生活見長，並致力於捕捉兩性間微妙的心理狀態。尤其是借重寫實的手法著墨男女情感關係，企圖發掘出人性真實的一面。除了《心鎖》備受矚目外，1980年《台北的女人》一書甫出版，短短1個月內便銷行了4版，堪稱當時的暢銷書籍。《台北的女人》一書中，準確的呈現出都會女性的生活樣貌，見證臺灣在經濟起飛的同時，女性在社經地位提昇之際，同時還得面對追求自我的種種問題與困境。而1987年的《第三性》則探討同性戀之問題，可說是當

郭良蕙作品《女人的事》
（作者翻拍）

郭良蕙至國外旅遊照片
取自國家圖書館「當代文學史料影像全文系統」

時社會較為禁忌的話題。

郭良蕙小說的人物大半以身居台北都會的男女居多，董保中在〈郭良蕙的台北人世界〉認為，與白先勇的《台北人》相比，她小說中「台北人」似乎才是真正代表當時台北人之形象：「郭良蕙絕少提及這些人物是大陸生的，還是台北或臺灣生長的。大都市的人來自各方，沒有鄉土氣味，就是有，也是愈來愈少，愈淡化……大都市的人往往沒有根，只有自己，郭良蕙的小說中的人物就是這樣的大都市人物，台北人。」再經作者安排愛情事件的發展，來表現一個複雜的人際關係和人的動機，形成女作家筆下的「台北人」世界。

不過近年則有感於小說面臨的創作困境，郭良蕙轉而投入文物鑑賞及旅行興趣之中。但是她的筆仍舊沒停下，相繼出版《我看中國文物》、《文物市場傳奇》、《人生就是這樣！》等散文創作。不同於小說的虛構，藉由古董的故事、旅行的紀錄，散文中的郭良蕙以親身經歷來訴說人生的悲歡離合。林海

音認為郭談古董文章傳達出對人事的體會:「良蕙寫一篇古董文章,就得上下古今縱橫談,這樣的體驗,使得良蕙對人生領悟也更多。」而這無疑是另一番對人性的探究。

她曾自言:「「在人生的過程中難免會有逆境的,我不認為我會一蹶不起。相反地,我會把這一挫折當作激勵或更進一步的動力,使我的作品越趨成熟。而事實上,一個人除非自己願意倒下來,否則,任何力量都不能把他弄翻的」一路走過創作的風波、婚姻的離異、感情的挫折,郭良蕙仍勇敢的作自己,而這份勇氣就如同她對文學創作的執著。

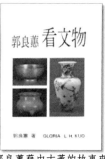

郭良蕙藉由古董的故事來
訴說人生的悲歡離合(作者翻拍)

喜歡閱讀的郭良蕙
取自國家圖書館「當代文學史料影像全文系統」

郭良蕙年表

年份	年齡	事　蹟
1926	1	原籍山東省鉅野縣，7月10日生於開封一個世家中。
1937	12	中日戰爭爆發避亂西行，中學階段是在西安完成的。學畢業後，考入成都的國立四川大學，成為黃季陸先生的得意弟子。勝利復原後不久，她轉到上海復旦大學外文系畢業。
1942	16	寫過幾首年少情懷的詩作，是她文學創作最早的紀錄。
1949	23	與飛將軍孫吉棟結婚，而後赴台定居於嘉義。 來臺初期，郭良蕙重新拿起筆，正式開始寫作的生涯。
1954	29	再版第一本短篇小說集《銀夢短篇小說集》，嘉義：青年圖書。 出版小說《禁果》，台北：臺灣出版社。 此時的郭良蕙已在文壇上站穩了腳步，受到讀者的歡迎，成為當時文壇上有名的青年作家。
1955	30	小說《情種》由婦協出版。
1956	31	出版小說《錯誤的抉擇》，台北：正中書局。 出版小說《生活的秘密》，雲林：新新文藝。 出版小說《聖女》香港：友聯。
1958	33	出版小說《一吻》，香港：亞洲。 出版小說《感情的債》，高雄：大業。
1959	34	出版小說《默戀》，香港：亞洲。
1960	35	出版小說《往事》，高雄：大業。
1961	36	跨足電影劇本的創作，為天工電影公司編一齣喜劇電影〈君子協定〉。 出版小說《春盡》，高雄：大業。 出版小說《黑色的愛》，高雄：大業。
1962	37	1月，郭良蕙的《心鎖》先於《徵信新聞報》的〈人間〉副刊連載，隔出版小說《女人的事》，台北：幼獅。 出版小說《貴婦與少女》，高雄：長城。 出版小說《琲琲的故事》，台北：皇冠。 出版小說《第三者》，高雄：長城。 同時開除郭良蕙的會籍。《心鎖》於大業書店出第3版後公開查禁，不准發售。 出版小說《午夜的話》，高雄：大業。 出版小說《他、她、牠》，高雄：長城。

		出版小說《青草青青》，台北：漢麟。 出版小說《遙遠的路》，高雄：大業。
1964	39	出版小說《金色的憂鬱》，台北：漢麟。 出版小說《樓上、樓下》，高雄：長城。 出版小說《小女人》，高雄：長城。 出版選集《郭良蕙選集》，高雄：長城。
1965	40	出版小說《第四個女人》，台北：新亞。 出版小說《寂寞的假期》，台北：新文化。 出版小說《夜愁》，台南：東海。
1966	41	出版小說《我心我心》，台北：新文化。
1967	42	出版小說《藏在幸福裡》，台北：新文化。 出版小說《記憶的深處》，高雄：長城。
1968	43	出版小說《雨滴汗淚滴》，台北：新亞。
1969	44	出版小說《迷境》，台北：立志。 出版小說《嫁》，台北：立志。
1970	45	出版小說《他們的故事》，台北：立志。
1971	46	出版小說《鄰家有女》，台北：立志。 出版小說《斜煙》，台北：立志。
1972	47	出版小說《蝕》，台北：新亞。
1973	48	出版小說《加爾各答的陌生客》，台北：新亞。 出版小說《緣》，台北：新亞出版社。 出版小說《睡眠在那裡》，台北：新亞。
1975	50	出版小說《焦點》，台北：新亞。 出版小說《這一大片空白》，台北：新亞。 出版小說《變奏》，台北：立志。 出版小說《團圓》，台北：新亞。 出版小說《花季》，台北：新亞出版社。
1976	51	出版小說《好個秋》，文藝出版社。
1978	53	出版小說《兩種以外的》，台北：漢麟。
1979	54	出版小說《黃昏來臨時》，台北：漢麟。
1980	55	出版小說《早熟》，香港：郭良蕙新事業。 出版小說《四月的旋律》，香港：郭良蕙新事業。 出版小說《女大當嫁》，台北：漢麟。 出版小說《臺北的女人》，台北：爾雅。 出版散文集《格蘭道爾的早餐》，台北：爾雅。

1983	58	出版小說《我不再哭泣》，香港：郭良蕙新事業。
1985	60	出版小說《過客》，台北：爾雅。
1986	61	出版散文集《郭良蕙看文物》，台北：藝術家。 《心鎖》一書解禁。
1987	62	出版小說《失落、失落、失落》，台北：時報文化。 出版散文集《文物市場傳奇》，香港：藝術推廣中心。 出版小說《緣去緣來》，台北：時報文化。
1988	63	出版散文集《青花青》，台北：藝術家。 出版小說《約合與薄醉》，台北：時報文化。
1991	66	出版小說《臺北一九六〇》，台北：時報文化。
2002	77	九歌出版社再版小說《心鎖》。 出版散文集《人生就是這樣！》，台北：九歌。

【延伸閱讀】

1. 《心鎖》，台北九歌出版社，2001年12月。

2. 《人生就是這樣！》，台北九歌出版社，2001年10月。

3. 夏祖麗：〈郭良蕙對婚姻和人生的看法〉，《她們的世界》，台北純文學出版社1981年，頁134-141。

4. 董保中：〈郭良蕙的臺北人世界〉，《中央日報》6版，1998年10月16日。

5. 廖淑儀：《被強暴的文本——論「《心鎖》事件」中父權對女／性的侵害》，靜宜大學中文所碩士論文，2003年7月24日。

第十章

鍾梅音

——四海遨遊的散文作家

鍾梅音一生都在與死神、病魔搏鬥,然而這並不使她有藉口慵懶地過日子,她反而竭盡己能不斷地創作,燃燒生命珍貴的每一刻,膾炙人口的《海天遊蹤》便是對她最好的回饋,她書中透露出幽默、堅毅的人生觀則是對讀者的最佳勉勵。

崎嶇不平的求學之路

鍾梅音,1922年12月28日生於北平,父親是福建上杭人。鍾父為西南長官公署軍法處長,但是頗富文采,著有《虛園詩存》,而鍾梅音的外祖邱漪山,別號潛廬主人,是南社詩友。在這兩位長者的薰陶之下,沒有接受完整大學教育的鍾梅音依然奠定了良好的寫作及藝術根柢。三歲時,一場意外的小感冒卻因誤診而轉為支氣管炎,最後成了其終生所苦的喘病,身體不好的她就學時輟時續,因此雖然她考上貴族化的南京私立中華

女子學校，父母卻不願意進行這「奢侈的投資」，堅持讓她就讀市立漢西門小學。

小學畢業後鍾梅音以南京市會考第二名的資格保送中央大學實驗中學，但是體弱多病的她，身體承受不了繁重的課業，一個學期後喘病復發，只好休學回家休養。隨後即發生七七事變，全家因避難而離開南京，鍾梅音隨堂兄遷居漢口，並以同等學力考上湖北藝專，卻因為武漢大撤退而未能進入湖北藝專就讀，再避難廣西。1939年鍾梅音又考上廣西大學文法學院法律系，雖然藝術才是她的興趣所在，但她還是順從父親的要求選擇法律就讀，正準備開始夢寐以求的讀書生涯時，她認識了任職於第五軍的工程師余伯祺先生，兩人旋即訂婚，並於1942年結婚，定居雲南，坎坷的求學之路上，鍾梅音終究沒有拿到學位。

年輕時的鍾梅音，1939年攝於廣西桂林。取自國家圖書館「當代文學史料影像全文系統」

文學路上的特殊經歷

　　1948年鍾梅音舉家遷往臺灣，定
居蘇澳，因離鄉背井的思鄉情愁，又眼
見蘇澳的風光明媚，於是鍾梅音提起筆
來開始寫作，1949年於《中央日報》
副刊發表第一篇散文〈雞的故事〉，
並於隔年出版第一本散文集《冷泉心
影》，此書收錄約三十篇散文，內容
則以懷鄉憶舊、鄉居閒情、家庭生活
為主，是雋雅怡人的小品文。回想起寫
作的緣起，鍾梅音自言她幼年常為母親
及外祖母代筆寫信，母親不會寫字，卻
會讀，她總是要年幼的鍾梅音在信中表
達一般兒童很難理解之事，因此一封信
常要改個三、四次；而外祖母雖目不識
丁，但她要求鍾梅音信寫完之後需一字
不漏地念給她聽，修改至她認為滿意為
止。她們兩位要鍾梅音轉達的都是極為
複雜的事情，這迫使鍾梅音思想早熟，
也間接磨練出她的表達能力，奠定後來
寫作的基礎。1956年她主編《婦友》
月刊，做事認真的她一向認文不認人，

1958年全家於台北合影
取自國家圖書館「當代文學史料影像全文系統」

1963年8月18日與中華合唱團訪金門演唱勞軍
取自國家圖書館「當代文學史料影像全文系統」

主持台視「藝文夜談」時的鍾梅音
1963年10月攝於台北
取自國家圖書館「當代文學史料影像全文系統」

堅持刊登好文章,而不是只刊登有名氣的作家的文章,因此她還開罪了一位女作家。

來台後的鍾梅音為了完成藝術的夢,她開始學畫,晚年並且在加州洛杉磯藝術學院舉行個人畫展;送女兒去學鋼琴之餘,她也培養自己欣賞音樂的能力,1958年她受青年寫作協會的邀請到金門勞軍,恰巧遇上823砲戰再度開火,回台後她深感國軍的英勇,便將此行經驗寫成「金門頌」混聲大合唱曲的歌詞,隔年訪馬祖,並與俞南屏先生合寫「不朽的八二三」合唱曲歌詞,充分發揮她藝術方面的才華。1963年她主持台視藝文夜談,是第一位主持電視節目的女作家,備受讚譽,忙碌的她兼顧事業與家庭,並且從沒放棄她最愛的散文創作,至此她已有《母親的憶念》、《海濱隨筆》、《小樓聽雨集》、《塞上行》…等七部散文作品問世,及一部短篇小說集《遲開的茉莉》,這也是她唯一一本小說創作。

旅遊文學的先鋒

　　1964年6月，隨夫婿業務旅行出國，恰好環遊世界80天，遊歷亞、歐、美等13個國家，在25個城市停留，回台後她將旅遊的所見所聞所感寫成遊記，先在《中央日報》副刊連載，後來集結成書自資出版《海天遊蹤》二冊，受到熱烈的迴響，總共再版16次，被譽為「最完美的遊記」，並獲得1966年嘉新文藝著作獎。此書不僅記遊，於瀏覽美景之際，鍾梅音看到了各個國家的歷史、文化、興衰、民族性，並以之對比臺灣，指出社會及教育的問題，思考國家發展停滯不前的原因，在書中寄寓深刻的體悟與高尚的民族情操，文藝評論家趙滋蕃先生稱讚：「放眼世界，心存故國；活的地球，活的縮影。」晚年接受訪問時，鍾女士笑著說她跟許多讀者一樣，有一個時候只喜歡《海天遊蹤》。張瑞芬則指出此書為鍾梅音散文寫作的轉折期與分水嶺，前期的寫作以小品文為主，題材多

被譽為「最完美的遊記」，
鍾梅音作品集《海天遊蹤》
（作者翻拍）

重遊歐、美兩洲的所聞，
集結為《旅人的故事》
（作者翻拍）

以鄉居情趣、家庭瑣事為主，一件細小的事情，一個平凡的風景，在她筆下竟也活了起來；也有寫給兒女的信，真情流露，將做母親的心情與對兒女的期望做最細微的描寫，偶論時事卻又正氣盎然，此時期的風格並無一致，有自然流露的抒情文章，也有正氣磅礡的說理議論；後期筆觸較為成熟圓渾，寓情理於幽默詼諧之中。張瑞芬評論：「前者樸拙天成，是初執筆時的『熱情盲目』；後者是遷居台北寫專欄練就的深刻筆力。」

鍾梅音創作力旺盛，絲毫不因喘病而放棄了筆耕的理念，集結專欄文章與藝術欣賞等四十篇文章出版《摘星文選》，自言在氣喘病中掙扎與奮鬥的過程，猶如寫作，都是「向痛苦索取代價」。後又出版《我只追求一個圓》，此書有遊記、回憶、隨筆、時事評論、藝術欣賞等，難得的是鍾梅音第一次自我剖析，析論自己寫作時的經驗與心境，並特別指出《中央日報》副刊對作品品質嚴格的要求，是如何促使她不

斷在寫作上自我要求與成長,其中〈禮帽下的兔子〉一文可說是鍾梅音對散文理論的分析,以及她奉之為圭臬的寫作態度及方法。1968年出版由女兒日記改編而成的兒童文學《我從白象王國來》,內容描述泰國的風土人情、古蹟、產物,因丈夫工作關係, 1969年移居泰國曼谷,仍持續寫作,並將中央副刊專欄「蘭苑隨筆」集結為《蘭苑隨筆》。後又移民新加坡,並重遊歐、美兩洲,將旅遊兩個月的感想出版遊記《旅人的故事》,這本書寫人事重於寫景物,搭配所旅遊的城市而有愛迪生、莎士比亞、貝多芬等偉大人物的介紹,或者歷史與動植物的介紹,可見鍾梅音人文素養的深度與知識涉獵的廣度。1977年移民美國洛杉磯。

病吾病以及人之病

　　鍾梅音一生與喘病奮鬥,多次從死神手中溜走,但是仍不幸於1979年罹患巴金森症,行動逐漸遲緩不便的她並不因此氣餒,於1980年出版第19本散文集《天堂歲月》,此書以〈裹傷而戰〉為序文,足見鍾梅音對文學的執著以及與病魔抗爭的勇氣。1982年因病情惡化回台大醫院接受治療,是年底因想念家人又返回美國,隔年又返台治療,並住進在醫院相識的特別護士樓美美家中療養,此時鍾梅音已無法提筆寫字,說話也漸趨無力,但是仍由她口述,余伯祺先生代筆完成〈何處是歸程〉一文,發表於美國《世界日報》,這是她最後一篇散文。一生與病魔抗爭的她發揮「病吾病以及人之病」的精神,由先生代為籌建慈光療養中心,希望能照顧那些為病所苦的人,1984

年鍾梅音病逝林口長庚醫院，得年63歲。張瑞芬認為鍾梅音開啟了臺灣女性旅遊散文的先聲，並且在那個男作家只寫反共懷鄉文學的年代，她率先立腳臺灣，書寫臺灣的在地感情，勇於尋找自己的定位，相當值得肯定。

與病魔搏鬥的女作家鍾梅音
取自國家圖書館「當代文學史料影像全文系統」

高貴幽雅的鍾梅音
取自國家圖書館「當代文學史料影像全文系統」

鍾梅音年表

年	年齡	事　蹟
1922	1	出生於北平。父親鍾之琪福建上杭人。
1924	3	因為感冒被中醫所誤，轉為支氣管炎，最後成為終生所苦的喘病。
1928	7	移居南京。
1937	16	考入五年制湖北藝專。
1938	17	隨堂兄遷居漢口。卻因為武漢大撤退而未能進入湖北藝專就讀再避難廣西。
1939	18	入廣西大學文法學院法律系。冬天，與與余伯祺先生（江蘇宜興人）認識、訂婚。
1942	21	元旦，與余伯祺先生結婚，定居雲南省祥雲。
1943	22	6月，於廣西桂林生長子占正。
1945	24	12月25日首次回上海婆家。
1946	25	12月，任職善後救濟復員會中文秘書。
1947	26	秋天，生長女令怡。
1948	27	3月1日，隨夫婿攜長子抵達臺灣基隆，定居基隆。
1949	28	3月，隨夫出任台肥公司蘇澳廠長，遷居宜蘭縣蘇澳鎮，並開始寫作。 6月，發表第一篇散文〈雞的故事〉於台北《中央日報》婦女週刊。
1951	30	7月，出版第一本散文集《冷泉心影》，台北：重光文藝社出版。
1952	31	10月31日起，使用筆名小芙、音，在《中央日報》撰寫「每週漫談」。
1953	32	春天，定期赴台北隨孫多慈教授習畫。 5月，完成油畫「自畫像」。 9月，應羅家倫先生之邀，畫秋瑾巨像。
1954	33	11月，出版第二本散文集《母親的憶念》，台北：復興書局出版。 出版第三本散文集《海濱隨筆》，台北：大華晚報印行。
1955	34	4月，遷居台北。 6月，生次女令恬（暱稱「小白羊」）。
1956	35	4月，主編《婦友月刊》（至1957年11月）。
1957	36	12月，出版第一本短篇小說集《遲開的茉莉》，台北：三民書局。
1958	37	6月，出版第四本散文集《小樓聽雨集》，台中：大中國圖書公司。 10月19日，應青年寫作協會邀請訪問金門。時值823砲戰後再度開火，此行經驗寫成「金門頌」混聲大合唱曲的歌詞。

1959	38	6月12日，隨中國文藝協會馬祖訪問團，訪問馬祖。 遷居高雄。 與俞南屏先生合寫「不朽的八二三」合唱曲歌詞。
1961	40	遷回台北。
1963	42	8月17、18日，金門二度行，隨國軍示範樂隊，以「金門頌」作詞人身份前往。 9月，主持臺灣電視公司的「藝文夜談」節目，是為第一位主持電視節目的女作家，時間長達半年。
1964	43	2月，出版第五本散文集《塞上行》台中：光啟社。 3月，交卸「藝文夜談」節目主持棒。 4月，出版第六本散文集《十月小陽春》，台中：文星書店。 6月24日，隨夫婿業務旅行出國，至9月2日歸來，湊巧環遊世界八十天。
1966	45	4月，自費出版第七本散文集，即她的環球遊記《海天遊蹤》。 6月，《海天遊蹤》獲55年度「嘉新文藝著作獎勵金」四萬元及獎章一座。 10月，出版地八本散文集《摘星文選》，台中：三民書局。
1968	47	2月，攜女兒赴曼谷，與夫共度春節。 2月，出版第九本散文集《我只追求一個「圓」》，台中：三民書局。 5月，出版與女兒合著的《我從白象王國來》，台中：大中國圖書公司。
1969	48	2月，出版第十一本散文集《夢與希望》，台北：三民書局。 3月，出版《黃友棣藝術歌曲選》。 5月，移居泰國曼谷。 8月，出版第十二本散文集《風樓隨筆》，台北：三民書局。 9月，出版兒童文學《到巴黎去玩兒》，台北：臺灣省教育廳。 12月，《十月小陽春》改由傳記文學出版社印行。
1970	49	2月，出版兒童文學《燈》，台北：臺灣省教育廳。
1971	50	2月，出版兒童文學《不知名的鳥兒》，台北：臺灣省教育廳。 6月，出版第十三本散文集《蘭苑隨筆》，台北：三民書局。 8月，移民新加坡。
1972	51	4月至6月，旅遊美國、歐洲兩個月。 11月，出版第十四本散文集《啼笑人間》，香港：小草出版社。

1973	52	3月，出版第十五本散文集《春天是你們的》，台北：三民書局。 8月，出版第十六本散文集《旅人的故事》，台北：大地出版社，記述上一年旅行歐美的遊記。
1974	53	12月，隨新加坡畫家陳文希習畫。
1975	54	8月，出版第十七本散文集《昨日在湄江》，香港：小草出版社。
1976	55	3月，出版翻譯文學《亞洲民間故事》，新加坡：聯邦。
1977	56	2月，《昨日在湄江》由台北皇冠出版社印行。 6月，《啼笑人間》由台北皇冠出版社印行。 7月，移居美國加州洛杉磯。
1978	57	4月，由台北皇冠出版社出版第十八本散文集《這就是春天》。
1979	58	在美國加州洛杉磯藝術學院舉行個人畫展，參加洛杉磯的唱詩班。 秋天，罹患巴金森症。
1980	59	6月，出版第十九本散文集《天堂歲月》，台北：皇冠出版社。
1982	61	4月，回闊別13年的台北，住進台大醫院治病。 12月，離台返回美國家中。
1983	62	2月，再度返台，於新店耕莘醫院住院，認識特別護士樓美美。 4月，移往中壢樓美美家中。 5月16日，發表〈何處是歸程〉一文，於美國《世界日報》，這是她最後一篇散文。 8月27日，余伯祺先生發起籌建慈光療養中心，實現鍾梅音「病吾病以及人之病」的理想。 12月25日，慈光療養院在桃園平鎮鄉揭幕。
1984	63	元月12日，因併發症病逝台北縣林口長庚醫院。 元月22日，在台北衛斯理堂舉行追思會，由牧師魏立建證道，作家陳紀瀅報告其生平，隨後由余伯祺先生帶其骨灰去美，安葬於美國加州。

【延伸閱讀】

1. 鐘麗慧：〈「追求一個圓」──鍾梅音〉，收錄於《織錦的手：女作家
   素描》，九歌出版社，1987年，P165-177。

2. 張瑞芬：〈文學兩「鍾」書──徐鍾珮與鍾梅音散文的再評價〉，收
   錄於《霜後的燦爛──林海音及其同被女作家學術研討會論文集》，
   李瑞騰主編，國立文化資產保存研究中心籌備處出版，2003年5月，
   P385~426。

3. 《海天遊蹤》第一、二集，台北：大中國圖書公司，1966年4月出版。

4. 《我只追求一個圓》，台北：三民書局，1971年3月出版。

第十一章

林海音

——穿越林間溝通兩岸的海音

身兼文學家、出版家、編輯的林海音，對推廣臺灣文學可說是不遺餘力。在五〇年代時擔任《聯合報》副刊主編時期，提攜許多創作人才，並鼓勵停筆多年的日據時期作家重新寫作，努力扶植本土文學的發展。六〇年代更創辦《純文學》月刊及純文學出版社，出版了許多優秀的文學作品。文學創作上，《城南舊事》一書更是兩岸三地知名的著作。即便到了晚年，林海音仍舊熱衷文藝活動，成為兩岸文學交流的重要橋樑。

兩個故鄉

林海音，1918年農曆3月18出生於日本大阪絹笠町回生醫院。1921年先與父母返回臺灣，1923年5歲時，又遷居北京南城。林海音的成長時光皆在北京度過，古城中的一物一景都深深烙印在心房，使得北京成為她臺灣之外另一個精神上的原鄉。然而，無憂

於《世界日報》擔任記者
取自國家圖書館「當代文學史料影像全文系統」

林海音與林慰君（林白之女）合影
取自國家圖書館「當代文學史料影像全文系統」

無慮的童年在12歲父親去世之際，已悄然結束。身為大姊的她，擔起了照顧寡母弟妹的重擔，正如《城南舊事》中所言：「開始負起了不是小孩子該負的責任」。正因為如是的經歷，林海音比一般孩子早熟，在生活的磨練中變得更通透事理、堅毅幹練，這種人格特質對往後從事記者與編輯的她有相當大的幫助。16歲考入北平新聞專科學校，就學期間一邊讀書一邊擔任《世界日報》的實習記者。19歲甫畢業即進入《世界日報》當記者、編輯，主跑婦女新聞。而林海音也因工作之故，認識了一生的伴侶夏承楹先生。兩人於1939年5月13日在北平協和醫院禮堂結婚，為當時北平文化界盛事。婚後住進夏家永光寺街的大家庭，並轉入北平師範大學圖書館擔任圖書編目工作。1948年11月林海音一家返回故鄉臺灣。返台後，便開始藉著閱讀《裨海記遊》、《民俗臺灣》及四處旅行，一解對臺灣的鄉愁。但林海音同時也忘不了北平，《兩地》一書中，收集了有關她童年故鄉北

京和定居地臺灣幾十篇雋永的小文章，
訴說了她對兩個故鄉的深厚愛戀。

聯副與純文學時期

甫到臺灣的林海音，很快的便重
回編輯台上。1949年5月，進入《國語
日報》擔任編輯；12月主編《國語日
報》〈週末〉版，一直編至1955年10
月。1953年受聘於《聯合報》副刊，
她擔任聯副主編時，發掘了許多創作人
才，最著名的例子當屬黃春明，他的處
女作〈城仔落車〉就是發表在聯副。黃
春明在〈我滿懷由衷的感激〉一文娓娓
說道：「因為從那信中，裡面看不到他
為了拉稿湊篇幅的焦灼，而是一片愛才
惜才的心，句句充滿著溫暖和鼓勵，於
是從此我得到了信心，毅然決然地放棄
了繪畫和詩的練習和習作，專心一致寫
小說去了。」除了致力於培植文壇新秀
外，也鼓勵日據時代停筆的老作家，如
楊逵、鍾肇政、文心、陳火泉、施翠峰
等，林海音可說是推動臺灣文學重要人

林海音與丈夫夏承楹相知相惜走過一生
取自國家圖書館「當代文學史料影像全文系統」

物。林海音在文學上的先知卓見確實獨到，陳芳明更將其與聶華苓並列為臺灣文學50年代的重要女性編輯。

　　1963年因故離開主編十年的聯副，但這樣的挫折並未打擊到她，1967年她和幾位朋友合辦了《純文學》月刊，林海音擔任發行人與主編。這份刊物與當時的《文學季刊》、《現代文學》鼎足而立。編這份雜誌時，她曾親筆發出了一百多封信，向編報時所擁有的基本作者邀稿，她的熱情和真誠感動了好多人。秉持著對文學的堅持，《純文學》月刊得到極多好評、產生了不少佳作。隔年創立的純文學出版社（1968-1995），堪稱我國第一個文學專業出版社，出版了許多膾炙人口的好書，如子敏的散文集《小太陽》、《和諧人生》，長篇小說《藍與黑》《滾滾遼河》等。林海音夫婿何凡撰寫〈玻璃墊上〉專欄超過30年，彷彿是一部臺灣社會發展史，純文學特將這些珍貴的資料出版《何凡文集》，並榮獲圖書主編金鼎獎之肯定。

開會致詞的神情
取自國家圖書館「當代文學史料影像全文系統」

　　林海音曾對自己的創辦純文學雜誌及出版社的理念，作過以下的闡述：「我辦的這份雜誌，名字雖然是「純文學」，但並不是那麼純，那麼深奧的。它是給一般人看的，要使大家都有興趣看，不管是學術性的論文，或者詩、散文、小說、翻譯，我不希望它艱深，而且我也是老少兼容。只要是好作品，只要是好作品，只要是一般讀者能吸收而開卷有益的，我們都願刊登。這就是我們的原則，即使現在我經營的出版社，出版的讀物也是一樣的路線。」也就是這樣對純文學的堅持，一種不譁眾取寵的平穩風格，提攜了許多文學創作者。

《城南舊事》與關注女性議題的小說

　　而她的文學創作生涯，也是來台才正式展開。1949年1月開始於《中央日報》及《國語日報》發表文章，在編輯之外也努力於從事小說與散文的創作，重要作品有：長篇小說：《曉雲》、《城南舊事》、《孟珠的旅程》；短篇小說《冬青樹》、《婚姻的故事》、《金鯉魚的百襇裙》；散文集《我的京味兒回憶》等書。從早先的新聞工作者，林海音逐漸走進文藝創作的領域，她說：「我覺得把自己主觀的看法置身於外，而專為客觀的新聞寫作，已經不能滿足我的寫作慾望，這慾望便是我要發揮我自己對事物的看法或感受，因此才使我由新聞寫作進入文藝寫作，以至今日。」林海音相當欣佩的前輩女作家為凌淑華，並以凌的寫作理念來自我期勉。

　　林海音代表作《城南舊事》出版於1960年7月。小說以民國十幾年（即二十年代）北京城為時空背景，貫穿全書的中心人物是小女孩

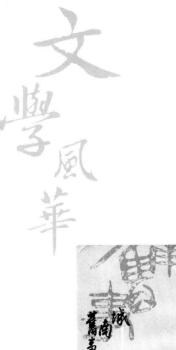

廣受兩岸三地讀者歡迎的
《城南舊事》（作者翻拍）

長篇小說《孟珠的旅程》
（作者翻拍）

英子，全書共分為〈惠安館〉、〈我們看海去〉、〈蘭姨娘〉、〈驢打滾兒〉和〈爸爸的花兒落了〉等5篇，經由她童稚之眼觀看著人世間的悲歡離合，直到父親病逝，她的童年隨之結束，故事也在淡淡的哀傷下落幕。除了以小孩的視角去體察成人世界外，英子更有雙專屬於女性的同情之眼，特別能見到在性別壓迫中的女性。《城南舊事》四段中，女性故事佔了三大段，正好包含了老中青三代不幸女人的三種典型，在小英子不作評斷的觀點之下，讀者才能更深入的體會當時女性所遭受到不平等待遇。1982年《城南舊事》被上海製片廠拍成電影，由吳貽弓導演，該片多次獲得國際影展大獎。1994年更改編以兒童繪本形式出版。由此可見，此書受到歡迎的程度。

除了《城》書，林海音的其他小說作品也多以女性作為描寫的對象，如長篇小說：《曉雲》、《春風》與《孟珠的旅程》。這三部小說的主人翁都已從女孩變成女人，是離鄉背井從大陸流徙

到臺灣的女性知識分子，在這裏經歷她們挫折的愛情與婚姻。王明月在《林海音研究》中說到：「其小說作品多以家庭為背景，擅寫婚姻愛情悲劇。主題除寫出眷戀鄉土外，還因自身經歷，寫出多篇以孤女為題材的篇章。且十分關注婦女命運，以女性的立場寫出封建制度下被壓迫的妻與妾不同的身分地位，共同的哀怨。又寫出受五四新思潮影響及抗戰前後的女性命運、處境與婚姻的諸多問題，對於人物的心理刻畫有很生動的描寫。」雖然林的寫作題材與大多數的五○年代女作家取材相同，然而由於她本身具有的女性意識，使得面對如是的議題呈現更有深度的思考與反省。

林海音全家福
取自國家圖書館「當代文學史料影像全文系統」

1990年，林海音回到闊別了41年半的北京，並成為兩岸文學交流的重要橋樑。她寄出全套的純文學叢書和純文學月刊給北京中國現代文學館，又擔任《當代臺灣著名作家代表作大系》顧問，對推廣臺灣作家作品不遺餘力。因為她一身為臺灣文壇犧牲奉獻，1994年榮獲「世界華文作家協會」及「亞華

老年的林海音
取自國家圖書館「當代文學史料影像全文系統」

作家文藝基金會」頒贈「向資深華文作家致敬獎」；1998年獲「世界華文作家大會」頒「終身成就獎」；1999年獲頒第二屆五四獎「文學貢獻獎」。晚年糖尿病纏身，2001年12 月1日病逝台北振興醫院，享年83歲。

林海音年表

年份	年齡	事　蹟
1918	1	農曆3月18日出生於日本大阪絹笠町回生醫院。父林煥文，臺灣苗栗頭份人，祖籍廣東蕉嶺；母林黃愛珍，臺灣板橋人。
1921	3	隨父母返回臺灣，在頭份及板橋居住。
1923	5	隨父母到北京，定居南城。
1925	7	進入廠甸師大第一附小就讀。
1931	13	5月，父親林煥文病逝於北京日華同仁醫院，享年44歲。
1934	16	考入成舍我先生創辦的北平新聞專科學校就讀。 在《世界日報》擔任實習記者，結識《世界日報》編輯夏承楹。
1937	19	進入《世界日報》擔任記者，主跑婦女新聞。
1939	21	5月13日與夏承楹在北平協和醫院禮堂結婚，為當時北平文化界盛事。婚後住進夏家永光寺街的大家庭。
1940	23	轉入北平師範大學圖書館擔任圖書編目工作。
1945	27	抗戰勝利，遷出大家庭，搬到南長街自組小家庭。《世界日報》復刊，重回《世界日報》主編婦女版。
1948	30	11月，返回故鄉臺灣。
1949	31	1月，開始在報上發表文章，多半發表於《中央日報》及《國語日報》。 5月，進入《國語日報》擔任編輯。 12月，主編《國語日報》〈週末〉版，直至1955年10月。
1951	33	參加臺灣青年文化協會主辦的「夏季鄉土史講座」，為來台最早參加的文學活動。
1953	35	11月，受聘擔任《聯合報》副刊主編。
1955	37	12月，出版第一本散文集《冬青樹》，台北：重光文藝。
1956	38	世界新聞專科學校創立，受聘擔任教席。獲第2屆扶輪社文學獎。
1957	39	11月，《文星》雜誌創刊，兼任文學編輯，至1961年10月為止。 12月，出版第一本短篇小說集《綠藻與鹹蛋》，台北：文華出版社。
1959	41	12月，第一部長篇小說《曉雲》出版，台北：紅藍出版社。
1960	42	7月，《城南舊事》小說集出版，台中：光啟社。
1963	45	9月，出版短篇小說集《婚姻的故事》出版，台北：文星書店。因故離開《聯合報》副刊主編一職。

1964	46	受聘擔任臺灣省教育廳兒童讀物編輯小組第一任文學編輯，從此把筆頭拓展至兒童文學。《綠藻與鹹蛋》英文版出版，由殷張蘭熙翻譯。
1965	47	4月，應美國國務院邀請，赴美訪問4個月。出版短篇小說集《燭芯》，台北：文星書店。出版第一本兒童讀物《金橋》，台北：臺灣書店。
1966	48	7月，出版散文集《作客美國》，台北：文星書店。 9月，出版兒童讀物《蔡家老屋》，台北：臺灣書店。 12月，出版散文集《兩地》，台北：三民書局。
1967	49	1月，創辦《純文學月刊》，擔任發行人及主編。 5月，出版長篇小說《孟珠的旅程》，台北：純文學出版社。 9月，出版兒童讀物《我們都長大了》、《不怕冷的企鵝》，台北：臺灣書店。出版長篇小說《春風日麗》，香港：正文出版社。
1968	50	成立純文學出版社。10月，出版廣播劇本《薇薇的週記》，台北：純文學出版社。
1970	52	加入國立編輯館國小國語科編審委員會，並主稿一、二年級國語課本，直至1996年，共26年。
1971	53	6月，將辦了54期的《純文學月刊》交還學生書局（學生書局接辦8期後，於1972年2月停刊），專心辦純文學出版社。 10月，出版小說集《春風》，台北：純文學出版社。
1972	54	1月，出版與何凡合著的散文集《窗》，台北：純文學出版社。
1975	57	1月，由黎明出版社出版《林海音自選集》。編選《純文學散文選集》。
1978	60	出版兒童讀物《請到我家鄉來》，台北：臺灣書店。
1980	62	編選《中國近代作家與作品》。
1982	64	4月，出版散文集《芸窗夜讀》，台北：純文學出版社。 《城南舊事》被上海製片廠拍成電影，由吳貽弓導演，該片多次獲得國際影展大獎。 編選《純文學好小說》。
1984	66	9月，出版散文集《剪影話文壇》，台北：純文學出版社。
1985	67	《剪影話文壇》被臺灣文化出版及學術界評選為1984年臺灣最有影響力的十本書之一。
1987	69	3月，出版兒童讀物《林海音童話集》，台北：純文學出版社。 12月，出版散文集《家住書坊邊》，台北：純文學出版社。

1988	70	4月，出版散文集《一家之主》，台北：純文學出版社。 8月，在漢城舉辦第52屆國際筆會年會，韓國媒體組織臺灣作家林海音、大陸作家蕭乾及韓國作家許世旭，談海峽兩岸及韓國之間文化交流。香港香江出版社出版《林海音散文》。
1989	71	主編出版何凡六百萬字作品《何凡文集》，共26卷，獲圖書主編金鼎獎。 5月，隨臺灣出版界負責人訪問團到中國大陸，為離開北京41年半後首度踏上故土。
1992	74	5月，出版散文集《隔著竹簾兒看見她》。 《城南舊事》英文版出版，由齊邦媛、殷張蘭熙翻譯。 出版圖錄《聰明》、《神奇》，台北：東華書局。
1993	75	7月，出版散文集《寫在風中》，台北：純文學出版社。 赴北京參加《當代臺灣著名作家代表作大系》新書發表會。與冰心、蕭乾同為此套書顧問，為兩岸文學交流邁出一大步。
1994	76	6月，出版繪本《城南舊事》，關維興繪圖，台北：格林文化，迪茂國際。 11月，出版散文集《奶奶的傻瓜相機》，台北：民生報。 12月，出版散文集《生活·林海音》，台北：純文學出版社。 獲得「世界華文作家協會」及「亞華作家文藝基金會」舉辦的第2屆「向資深華文作家致敬」獎。
1995	77	《城南舊事》繪圖本出版（共三冊），獲《中國時報》開卷版最佳童書、《聯合報》讀書人年度最佳童書、金鼎獎推薦獎。 《城南舊事》日文版在日本出版，由杉野元子翻譯。 出版小說散文集《往事悠悠》，北京：燕山出版社。 年底，結束一手創辦的純文學出版社。 27年來，出版了400餘本書，為文壇留下了一批品質優異的出版品。
1996	78	12月，出版兒童讀物《惠安館的小桂子》、《我們看海去》、《驢打滾兒》，台北：格林文化。 出版散文集《英子的心》，人民日報出版社。
1997	79	浙江文藝出版社出版《林海音文集》（共五冊）。北京中國現代文學館舉辦「林海音作品研討會」。 《城南舊事》德文版在德國出版，譯者為蘇珊妮·赫恩芬柯。
1998	80	榮獲第3屆「世界華文作家大會」頒贈「終身成就獎」，由李登輝總統頒獎。

1999	81	獲頒第2屆五四獎「文學貢獻獎」。《城南舊事》德文版獲瑞士頒贈「藍眼鏡蛇獎」。
2000	82	5月4日，中國文藝協會頒贈「榮譽文藝獎章」。 5月16日，《林海音作品集》12冊，及《穿過林間的海音——林海音影像回憶錄》出版，由陳水扁總統主持新書發表會。 10月，傳記《從城南走來——林海音傳》出版，台北：天下文化。 10月，《城南舊事》出版40年，北京中國現代文學館等學術單位，合辦「林海音作品研討會」。
2001	83	12月1日病逝台北振興醫院，享年83歲。

參考資料：《從城南走來——林海音傳》並作增補。

【延伸閱讀】

1. 《兩地》，台北三民書局，2005年1月。
2. 《城南舊事》，台北游牧族，2003年9月。
3. 《穿過林間的海音》，台北游牧族，2000年4月。
4. 夏祖麗：《從城南走來：林海音傳》，台北天下文化，2000年。
5. 李瑞騰主編：《霜後的燦爛——林海音及其同輩女作家學術研討會論文集》，文資中心出版，中央大學中文系編印，2003年。

張
漱
菡

——令讀者難忘的海燕

張漱菡是個說故事的能手,她的著作
以小說為主,大多是改編自真實故事,她愛
聽故事,愛寫故事,顯赫的家世背景讓她有
更多故事可以告訴讀者朋友,《意難忘》、
《七孔笛》、《憤怒的鑑湖》、《翡翠田
園》等書,都是紅極一時的佳作。

出身名門之後

　　張漱菡,1930年11月生,安徽省桐城縣
人,本名張欣禾,另有筆名寒柯。張漱菡出
生於名門世家,龐大的家族背景,是她日後
小說創作源源不絕的靈感所在,桐城派名儒
方苞、姚鼐都是她的尊親長輩,她的祖先張
英、張廷玉是清朝的父子宰相,張父及張母都
是早期日本的留學生,兩人能詩能文,張父甚
至出版不少詩、文集和翻譯文集,在這樣家
學淵源的書香門第成長的張漱菡,自然養成
對古典詩詞及古文學的喜愛與欣賞能力。

至國立教育資料館參觀的張漱菡
取自國家圖書館「當代文學史料影像全文系統」

由於生逢戰亂，張漱菡的幼年一直都在流離播遷中度過，學校的教育時常因戰火而中斷，對知識的渴望也只能依靠父親時有時無的外文史補習，自小學三、四年級她便對著「千山鳥飛絕，萬徑人蹤滅，孤舟簑笠翁，獨釣寒江雪」等詩句所表達的情境深深感動且欽羨不已。有天她偶然在哥哥房間發現一本附有圖畫的《西遊記》，出於好奇就拿起來翻閱，這一翻竟讓她愛不釋手，連夜讀了兩遍才沈沈地睡著，這一翻也將她翻進了小說世界，一有空，就到處搜尋可以借閱的小說，《封神榜》、《包公案》、《紅樓夢》等都是她的案上賓，看完了古典小說，她開始將觸角伸向武俠小說、志怪小說及民國初年興起的白話文、新體詩，廣泛地閱讀奠定她日後文學創作雄厚的基礎。

開啟文學創作契機的意難忘

1949 年大陸淪陷，父親驟逝，張漱菡隨母親避難來台，無法順利完成上

張漱菡在家留影
翻攝自張漱菡《張漱菡自選集》

海震旦大學文理學院的學業。不足月出生的張漱菡，自小身子骨就羸弱，臺灣濕熱的天氣讓她嚴重水土不服，瘧疾和嘔吐頭暈長年不癒，長年累月地躺在床上呻吟，既不能就學深造，也不能找工作幫助家計，只能賦閒在家，待精神較好時看看書報打發時間。後來，有位家族長輩來訪，見她久病寂寞，便告訴她一個真實的愛情故事，聽完這個故事張漱菡大為震撼，故事中人物悲歡離合的情節一直在她腦海中日以繼夜的縈繞，一股無名的力量鼓舞她將故事寫下來，這種振奮的精神使她忘記了疼痛，於是從沒寫過小說的張漱菡，振筆疾書花了三十多個日子，完成十多萬字的《意難忘》。此書歷經汪精衛政權，在山河變色的故事背景之下，男女主角的許多同學們為求自保而做出承認偽政權的決定，刻畫了人性的軟弱以及時代的無奈，前一刻的甜言蜜語言猶在耳，下一刻卻馬上琵琶別抱。全書由男女主角的愛情故視為主軸，表面上是描寫知識青年因戰爭而產生不同的人生觀，事

張漱菡的手稿
翻攝自張漱菡《張漱菡自選集》

實上作者真正要表達的是崇高的戀愛觀與堅貞的信念和犧牲，在那個不確定的年代，男主角在兩人音訊全無之下，毫無條件、沒有承諾，深情執著地等了女主角十年之久，聞之令人動容。但是張漱菡當時只是一個無名小卒，沒有出版社願意冒險出版《意難忘》，甚至連翻閱稿子都沒有就拒絕，張漱菡失望之餘也莫可奈何，因為她從沒寫過小說。爾後，她在《旅行雜誌》發表她第一篇散文，無意間認識了暢流社的主編吳愷玄先生，他願意讓《意難忘》在《暢流》半月刊上逐期連載，連載期間就引起讀者熱烈迴響，出版成冊之後就獲選為中國青年寫作協會舉辦的最喜愛小說——讀者票選首獎，至此，張漱菡才真正與寫作結緣。

接著，張漱菡的筆便沒有一刻停過，她開始小說創作，大部分的故事是朋友說給她聽的真實事件，而後她心生感動便忍不住快速地將故事完成，有時她為了故事的真實性，還會動身前往故事發生地，蒐集當地資訊及歷史背景，

攝於婦女之家
翻攝自張漱菡《張漱菡自選集》

甚至找到故事主角，從都市到鄉鎮，都
有張漱菡為了小說的逼真而踏過的足
跡，《七孔笛》、《江山萬里心》、
《雲橋飛絮》等膾炙人口的長篇小說
都是這樣產生的。張漱菡的小說大都是
以真實人物為基礎改寫而成，因此很能
感動人心，若說到自己最喜歡的創作，
她首推《翡翠田園》一書，這部小說以
日據時代末期到光復前後四十年間為背
景，臺灣農村農地與人物的轉變，史料
性質濃厚，當時的重要政治措施、歷史
事件如臺灣治警事件、霧社事件、耕者
有其田等，都出現在小說中，為了確實
掌握史事及農村人物的內心世界，張漱
菡除了勤讀史料之外，還親自下鄉，實
際體驗農村生活，將戰後臺灣農村的發
展與變化淋漓盡致地展現給讀者大眾，
是少數顧及五〇年代臺灣農村興衰的小
說，蘇雪林對此書也是讚譽有加。

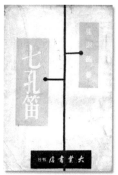

作品《七孔笛》
（作者翻拍）

張漱菡為他人立傳

作品《飛夢天涯》
（作者翻拍）

作品《櫻城舊事》
（作者翻拍）

　　張漱菡的長篇小說相當受到歡迎，因此電視編劇便找上門來，要求將小說改拍成電視劇，《七孔笛》、《碧雲秋夢》、《意難忘》都是紅極一時的連續劇，她也為自己的電視劇作詞。張漱菡的創作以長篇小說為主，總共約有近四十本的龐大數量，《飛夢天涯》、《多色的霧》、《櫻城舊事》等都是代表作，故事主角都是正派人物，作品揚善棄惡、愛國正義的目的很明顯，具有教化意義，所以在戰後動亂的時代，她的創作很受到政府的喜愛，她的《意難忘》獲得讀者票選首獎時，當時的政治部主任蔣經國先生就為此設宴慶功；而短篇小說的創作方面，張漱菡一改長篇娓娓道來、細水長流的敘述風格，轉而以精鍊、一針見血、節奏明快的方式，作品往往以壞人不得善終、沒有好下場作結，警世的意味濃厚。除了小說創作，張漱菡也有散文、傳記等著作，例如革命青年秋瑾是她母親的好朋友，

所以她對秋瑾的義事耳熟能詳,因此就為秋瑾寫傳出版《憤怒的鑑湖》一書,另外她也受胡秋原先生的邀請為之寫傳,成功寫出一百萬字,上下兩冊的《胡秋原傳》。張女士並於1954年編選琦君、潘人木、郭良蕙等當代18位女作家的小說作品,出版《海燕集》一書,受到好評,這個創動並帶動後來各類選集的出版。

美麗恬靜的張漱菡
取自國家圖書館「當代文學史料影像全文系統」

張女士晚年出車禍腿受了傷,因此做了人工關節,但是行動仍然不大方便,全靠先生的悉心照顧。無兒承歡膝下的張漱菡,是因為看到社會環境的不安定,以及養兒育女的辛苦,毅然決定不生育,因此她才能將全部心力投注在創作之上,文壇上談到張漱菡,大家都對她的長篇小說印象深刻。晚年除腿疾之外,張漱菡身體也越見虛弱,於2000年6月17日因心肌梗塞逝世,享年70歲。

張漱菡年表

年份	年齡	事 蹟
1930	1	出生於安徽桐城。
1949	20	隨母親避難來台。
1953	24	出版第一部長篇小說《意難忘》，台北：暢流出版社。 出版短篇小說集《橋影簫聲》、《風城畫》：高雄：大業出版社。 出版短篇小說集《綠堡之秘》、《翠島熱夢》，雲林：新竹出版社。 出版散文合集《海燕集》，新竹：海洋出版社。
1954	25	再版散文合集《海燕集》，新竹：海洋出版社。
1955	26	出版短篇小說集《花開時節》，雲林：新新出版社。 出版短篇小說集《侏儒的故事》，高雄：大業書局。
1956	27	1月9日，由中國青年寫作協會舉辦的讀者票選中，《意難忘》被選為最喜愛的小說第一名。 出版長篇小說《七孔笛》，高雄：大業書局。
1958	29	出版散文合集《海燕集續集》，台北：文光出版社。 出版散文合集《海燕續集》，新竹：海洋出版社。 出版短篇小說集《張漱菡小說選》，雲林：新新出版社。
1959	30	出版散文集《春晨頌》，台北：力行出版社。 出版散文合集《海燕集正集》，新竹：海洋出版社。 長篇小說《江山萬里心》分別由高雄大業書局、台北明華出版社出版。 出版短篇小說集《喘息的小巷》，香港：亞洲出版社。
1962	33	出版短篇小說集《疑雲》，台北：正中出版社。 出版《一流作家小說》，高雄：大業書局。
1963	34	出版長篇小說《跳躍的陽光》，台北：小說創作出版社。 出版長篇小說《多色的霧》，高雄：大業書局。
1964	35	出版短篇小說集《小樓春雨》，香港：高原出版社。 出版短篇小說集《綠窗小札》，台北：立志出版社。
1965	36	出版傳記小說《憤怒的鑑湖》，台北：幼獅出版社。 出版傳記小說《紫色的霧》，高雄：大業書局。 出版小說《雲橋》，高雄：長城出版社。 出版長篇小說《長虹》，台中：省政府新聞處。
1966	37	出版傳記小說《翡翠田園》，台北：皇冠出版社。
1968	39	出版長篇小說《春山愁》，台北：立志出版社。

1969	40	長篇小說《雲橋飛絮》分別由百城出版社、高雄大業書局出版。 出版長篇小說《碧雲秋夢》，台北：時報出版社。 出版長篇小說《飛夢天涯》，台北：皇冠出版社。
1970	41	由台北皇冠出版社出版長篇小說《七孔笛》、《江山萬里心》及短篇小說集《心魔》。 再版長篇小說《碧雲秋夢》，台北：世界文物出版社。 10月，再版長篇小說《意難忘》，台北：皇冠出版社。
1973	44	出版長篇小說《歸雁》，高雄：大業出版社。
1975	46	再版長篇小說《歸雁》，台北：立志出版社。
1976	47	出版短篇小說集《相思山下》，香港：高原出版社。
1977	48	出版短篇小說集《師恩》，台北：世界文物出版社。 出版短篇小說集《翡翠龍》，台北：皇冠出版社。
1978	49	出版散文集《漱菡小品》，台北：水芙蓉出版社。
1980	51	出版短篇小說集《張漱菡自選集》，台北：黎明出版社。 出版短篇小說集《漱菡小說集》，台北：水芙蓉出版社。 再版長篇小說《雲橋飛絮》，台北：時報出版社。 再版長篇小說《歸雁》，台北：黎明出版社。 再版傳記小說《紫色的霧》，台北：彩虹出版社。
1982	53	再版長篇小說《碧雲秋夢》，台北：彩虹出版社。
1983	54	出版長篇小說《櫻城舊事》，台北：黎明出版社。 再版長篇小說《江山萬里心》，台北：水芙蓉出版社。
1984	55	再版短篇小說集《喘息的小巷》，台北：采風出版社。
1985	56	出版傳記小說《秋瑾》，台北：金蘭出版社。
1988	59	出版傳記《胡秋原傳——直心巨筆一書生》（上）、（下），台北：皇冠出版社。
1990	61	出版《永遠的橄欖枝》，台北：漢藝色研出版社。 自費出版詩集《荷香集》。
2000	71	6月17日因心肌梗塞逝世。

【延伸閱讀】

1. 蓉子：〈名標彤史範，望斷白雲鄉——懷念漱菡〉，《文訊》第178期，
   2000年8月，P100~101。

2. 唐玉純：《反共時期的女性書寫策略——以「臺灣省婦女寫作協會」為
   中心》，暨南國際大學中國語文學系碩士論文，2003年6月。

3. 《張漱菡自選集》，台北：黎明出版社，1980年10月出版。

4. 《意難忘》，台北：暢流出版社，1953年出版。

第十三章

劉枋

——多才多藝，敢做敢為

2005年底，劉枋由「福報文化公司」出版新書《前生今世因果在》，收有她近年完成的八篇小說。八十六歲還筆健出書的女作家，除了已去世的蘇雪林教授，能與她相比的很少了。而與蘇教授長年留在學術圈教書大不相同，劉枋在臺灣大半生活躍於文藝圈裡：她服務的對象，不是文人，便是作家。急公好義，所以小民在文章裡送給她的外號是「俠女」，形容她「輕財重義，嫉惡如仇」，還說她：「喜歡助人，任勞任怨，又肯打抱不平」。從五〇年代開始，劉枋除了是知名的報刊編輯，還擔任婦女寫作協會總幹事多年。不僅能編、能寫，還文武雙全，多才多藝。官拜過少校，演過平劇、話劇，更拍過電影，寫過劇本——不論寫小說、散文，還是燈光燦爛的舞台上，她都有過亮麗的演出。

北地女娃認字早

劉枋與文學、文字的因緣很小就開始了，用今天的話來說，她早在六歲的「幼稚園年紀」，已經認得上千個方塊字。原因是她六歲上，便跟著一位堂伯讀書認字，「他老人家裁紙方寸，日寫十枚」。如此每天十個字認下來，不到一年，小劉枋就認識了兩三千個漢字，並養成喜歡閱讀的習慣。那怕抓到的只是破報紙、爛冊頁，只要是有字的東西，她都能津津有味的閱讀起來。可說半靠先天，半是後天，使她一生與文字結下不解之緣。

祖籍山東省濟寧縣，她卻出生在塞外的綏遠省——原來做官，任廳長的父親時常外調，民國八年前後，正好調到這裡任職。而地處塞外的歸綏，氣候苦寒。劉枋自小隨當地生活習俗喝羊奶、吃駝肉，穿狼皮，逐漸長成一個粗粗壯壯的女娃子模樣。不只外型，這般環境氣候也塑造她北地兒女的爽直性格。十歲左右，母親病逝，父親再娶。時值

劉枋出生百日穩坐父親懷中
（陳文發先生提供）

中國北伐的動亂時代，父親工作無定，家庭再三遷徙，小劉枋還沒入小學的年紀，卻已經是繼母的簿記員兼秘書，「每天寫日用帳，模仿尺牘也會代她給父親寫信」。童年就在如此遷徙不定中，幾經轉學之後，她仍以同等學力考進山東省立第一女子中學。

高中轉念教會學校，必須住校。她三更半夜窩在被子裡，用手電筒讀約翰克利絲朵夫等名著的事傳開之後，讓她全校馳名。事實上，她初二時便寫出第一篇小說〈春寒〉，刊登在當時學生創辦的刊物上，還是國文老師推薦去的。第一次拿到稿費，是讀高二時發表的一篇近萬字小說〈赤背〉，刊於山東民國日報副刊。她把兩塊四毛錢稿費全數拿去買書，可算是一生筆墨生涯的開始。

戰火中的戲劇因緣

高三以後到來台以前，寫作的事倒是一片空白。高二分組時劉枋故意選讀理工，那些大代數、解析幾何等學科似乎難不到她。十九歲那年，她考入北平私立中國大學，但唸的不是一般女孩子喜歡的文學系，而是「化學系」。雖一字之差，但卻是文學與科學，影響一生道路的巨大差別。後來聽劉枋說起，並非她真心喜愛科學，而只是要跟男生比比高下，她要表示「自己並不是智慧不夠的笨女生」，才「賭一口氣」進入化學系。這些說法作法最能顯現她異於其他女性的行事風格。

1941年她二十三歲，奉父命與黃公偉結婚。這時的劉枋「在家是小婦人」，出外仍然女大學生。她熱愛戲劇，同年即參加一場轟動的

話劇演出：演出曹禺的「北京人」，她擔任女主角，一時成了學校的風雲人物。隔年大學畢業，1943年春天長子出生，秋天她帶著兒子回娘家，把兒子和奶媽交給老母親照顧，便隻身遠奔後方，投入火熱的抗戰陣營。

由淪陷區至後方一路艱苦，到了西安又舉目無親。偶然機會，進了陝西邠州駐軍的師部擔任政治幹事，掛少校銜，作文宣工作：編壁報、演話劇。劉枋自稱：「軍中生活雖苦，可是身穿戎裝，每日上下花果山，徘徊水簾洞，赫赫『女官長』，也頗足慰」。1944年，二十六歲的她離開軍旅，「自行解甲歸長安」，於潞河中學謀得教職，與同好籌組「西北舞台藝術協會」，借長安市三山劇院作長期演出，演過「黃金萬兩」、「少年遊」等，生活雖艱困，卻能苦中作樂，頗為得其所哉。別小看這些經歷，若不是年輕時代親歷這段演劇歲月，就不會有後來幾部與戲曲相關的重要作品。到臺灣後，劉枋曾為「傳記文學」月刊執筆《章翠鳳大鼓生涯的

大學時代的照片
（陳文發先生提供）

回憶》，此書於1969年由該社發行上市。隔年台北「中國時報」又出版劉枋撰寫的《顧正秋舞台生活回顧》，若沒有實際舞台經驗，豐富的專業知識，就算文筆好，也難以完成這兩部生動傳神的表演藝術家傳記。

演出平劇扮相秀美
（陳文發先生提供）

編副刊又編《文壇》雜誌

1945年抗戰勝利，她辭去教職由西安至寶雞，任西北工合子弟學校教導主任，兼寶雞縣婦女會秘書。課餘應邀也與當地「西北業餘劇社」合作，演出「寄生草」、「結婚進行曲」、「柳暗花明」等劇。1946年復員至南京，南京《益世晚報》副刊創刊，她擔任副刊〈石頭城〉主編。大學同學徐蔚忱（來臺灣後曾任《中華日報》副刊主編）北歸探親，也把《京滬週報》交她主編。

於是這位不畏虎的初生之犢，便連編帶寫：不但以「柳燕」的筆名寫每週小說，以劉姥姥筆名寫雜文，還在京滬報以「劉冀鵬」的筆名寫專題報導。如

劉枋有豐富的舞台經驗（陳文發先生提供）

此大寫特寫，把筆尖逐漸磨快磨亮。隔年1947秋天，離南京回北平與家人團聚，直到國共戰起，北平即將圈入中華人民共和國版圖。丈夫黃公偉早因報社工作，派駐在臺灣，此時不得不趕緊設法取得路條，才一路帶著獨子，輾轉依親尋親來到臺灣。

1949年4月底從基隆上岸，台北《全民日報》副刊〈碧潭〉的主編位置已經等著她來。早在這裡工作的丈夫黃公偉先幫她把職位都安排好了。若問當時工作環境與情況如何，據劉枋描述，當時能欣賞純文學作品的人不多，在總編輯指導下，副刊風格一變再變，稿源仍是不暢。但每天八千字的版面不能不填滿，於是她的快筆就大有用途了。她回憶起：

「記得中秋那天除了兩首詩，其餘一篇中秋舊夢，一篇嫦娥不悔，一篇月是故鄉明，都是我一人寫的，只是在遣詞造句方面力求不同而已。反正自己寫不開稿費，報社方面也樂得如此。」

1952年壽命與知名度都很高的《文壇》雜誌創刊，劉枋是三個創始人之一：發起人穆中南，社長王藍，她是第一任主編：

「我最自傲的就是這一點了，我編的那七期，內容水準最整齊。每期我佔五六千字的一篇散文地盤，後來我的第一本書《千佛山之戀》，文壇發表過的散文居多。」

創辦人穆中南筆名穆穆，與劉枋同鄉又是文友。《文壇》創辦的宗旨有心「以文會友」，提供園地，期望「大家拿出作品來重建文壇」，也要提供作家更多自由的創作空間。而使作家發揮意志的具體作風，他們提出了三個原則：第一，不限字數；第二，不限制作家的意志；第三，園地公開。劉枋作為最早的主編，她記得「創刊號」

上，琦君生平創作的第一篇小說〈姊夫〉，便是從她手上發稿的。《文壇》雜誌是五、六〇年代影響力最大的文藝雜誌之一，雖也提倡戰鬥文藝，更經常一期刊完數萬字長篇小說。與國民黨官方及軍方關係雖好，卻是自負盈虧，並未得政府補助，早期能兼顧藝術性與可讀性，有幾期「特大號」甚至辦得比公家雜誌還有聲有色。

與謝冰瑩、徐鍾佩等參加前線勞軍
（陳文發先生提供）

　　五〇年代也是劉枋寫作上的豐收期。1955這年她一口氣出版兩本書：一是前面提到的散文集《千佛山之戀》，一是由高雄大業書店出版的短篇小說集《逝水》，這在物資艱難出書尤難的年代，是受到羨慕的成就。出版不久，就出現當時書評家司徒衛一篇書評，指出「兩個題目恰如其份地概括了她寫作的心情」：

　　青春如夢，韶光似水，亂離的歲月籠罩了一段鮮嫩的生命；夢幻和愛戀，雄心與理想，…細味行過之生命，哀怨的歌竟遠多於歡樂的詩章，於是，言為心聲，我們遂聽到作者撫

今思昔的低吟淺唱。悵惘之外有激情，哀怨之餘有憤慨。

這篇書評給予這兩本書概括性的春秋之筆是：「劉枋女士的作品藉浪漫的氣質觸及到時代精神」。認為這些作品於她紛雜的生活中，充分顯現其情緒是「有如何的糾纏和舒卷」（引自司徒衛的《書評續集》，1960年由台北幼獅書店出版）。

劉枋認為自己的性格不宜寫長篇。「主要是定不下心，坐不穩」。短篇三、五千至多一兩萬字，總是不眠不休，一揮而就，「寫完既不敢再看，更遑論推敲。」而三、四十萬字的長篇，沒有一年半載的時間是寫不成的，「我三天打漁兩天曬網的寫作方式如何能成？」但劉枋還是出版了三部十多萬字的長篇：《兇手》、《坦途》、《誰斟苦酒》。《兇手》1961年於《文壇》雜誌連載後出版。《誰斟苦酒》在張明辦的《今日婦女》月刊上連載。《坦途》1968年由省政府新聞處出版，寫三輪車改業計程車的故事。最受評論家

來台後既編雜誌也寫小說
（陳文發先生提供）

及文友稱讚的是隔年出版的短篇小說集
《小蝴蝶與半袋麵》，由立志出版社印
行。同年由中國時報推出《顧正秋的舞
台生活回顧》，銷路極佳，算是當時的
暢銷書。

　　晚年劉枋因糖尿病身體欠佳，幸
得當老師的媳婦細心照顧。回顧她既輝
煌也辛酸的一生，正如朱西甯所說，她
抗戰期間從軍，又於大西北從事戲劇工
作，後來升到話劇隊隊長，鐵腕作風令
人嘆服。她在北方成長，一口純熟的
京片子，對話劇、京劇都親身參與，也
都在行。五〇年代廣播劇鼎盛時期，她
是重要劇作家之一，1953年前後兩年
間寫了近二十個劇本。其中5篇結集為
《陋巷天使》，1967年由臺灣省婦女
寫作協會出版。六〇年代，她擔任「有
會無址」，亦即沒有辦公室的臺灣婦
女寫作協會「總幹事」，為女作家服役
服務長達十八年之久。七〇年代停筆最
久，原因是手術開刀割瘤，自認記憶
力衰退而停筆數載。1985年她離開台
北到佛光山拜星雲為師，住山上誦經參

劉枋與陳紀瀅等五〇年代作家合照
（陳文發先生提供）

小蝴蝶與半袋麵的新書封面
（作者翻拍）

佛之餘，靜心寫作。一住八年，星雲法師以下，皆以「劉老師」相稱。中間也去過大陸老家山東和北京多次，探親之餘，對繼母及繼母所生的一大群弟弟妹妹都有孝心及愛心。

「北國女子，彪形巾幗」是朱西甯對她的形容，還說她自少年以來「生得粉糰兒一般」，俏皮的小鼻子，圓臉尖下巴，是「和合二仙」的富泰相。好友王琰如寫她的「枋妹」，認為她「十項全能」，但也惋惜她的命運坎坷，覺得四十多年來，無有伯樂賞識她這頭千里馬。「她恃才傲物，也可說懷才不遇，一直使她生活得十分無奈」。好友同情之外，更為她不平。

2004年8月，爾雅出版社重新編選劉枋短篇小說選集：《小蝴蝶與半袋麵》，主持人隱地將此書編得非常大方精美，大開本，由同是山東同鄉的名作家王鼎鈞寫序，收入她最好的中長篇小說〈逝水〉、〈神妻〉、〈姊妹倆〉等，可說是給晚年劉枋的最佳禮物。劉枋寫作題材多樣，無論小說、散文、傳記，戲曲，並不受限於女性世界，她的行事風格亦同，活得瀟灑也活得精彩。

劉枋年表

年份	年齡	事蹟
1919	1	舊曆2月15日出生於歸綏（綏遠）新城，父親時任綏遠省地方審判處處長。祖籍山東濟寧縣。
1924	6	隨堂伯認方塊字，六歲上已經認字上千，從此頗嗜閱讀。
1928	10	母親病逝，父親再娶。 遷居北平後，正式拜師入塾。
1929	11	全家返濟南，考入濟南市立第二小學五年級。
1937	19	抗日戰火延燒，日軍佔據北平天津，進攻山東。學校開始流亡。
1938	20	考入北平私立中國大學化學系。
1941	23	11月奉父命與黃公偉結婚。在家小婦人，出外仍大學生。 參加戲劇演出，擔任曹禺「北京人」舞台劇女主角，成了校中風雲人物。
1942	24	大學畢業。
1943	25	長子黃季欣出生。 秋天攜子回娘家，將兒子交母親照顧，投筆從戎，隻身遠奔抗戰陣營。
1944	26	自行解甲歸長安，於澘河中學謀得教職，與同好籌組「西北舞台藝術協會」，借長安市三山劇院作長期演出。
1945	27	抗戰勝利，辭教職返鄉。任西北工合子弟學校教導主任兼寶雞縣婦女會秘書。與當地「西北業餘劇社」合作演出「寄生草」「結婚進行曲」「柳暗花明」等劇。
1946	28	任南京益世晚報副刊編輯。以「柳燕」筆名寫每週小說。
1947	29	離南京回北平與家人團聚。
1949	31	4月底攜子到了臺灣。任台北「全民日報」副刊《碧潭》主編。
1952	34	《文壇》雜誌創刊，擔任前面七期主編
1953	35	與丈夫離婚。得張道藩介紹，為中廣公司寫廣播劇本。兩年間寫了近二十個劇本。一部份曾結集為《陋巷天使》出版。
1955	37	4月，由高雄大業書店出版短篇小說集《逝水》。由今日婦女社出版散文集《千佛山之戀》。
1961	43	長篇小說《兇手》於《文壇》雜誌連載後出版。
1962	44	長篇小說《誰斟苦酒》在張明辦的《今日婦女》月刊上連載。因雜誌停刊而小說未能寫完。

1963	45	第二度完全賣文維生，以「狄荻」的筆名為大華晚報「甜蜜家庭版」寫「齊家秘訣」專欄。用「柳綠蔭」的筆名給新生報家庭週刊寫談吃的專欄。
1964	46	出版文集《假如我成了家》（台北立志出版社）。
1965	47	出版文集《烹調漫談》（台北立志出版社）。擔任婦女寫作協會總幹事，前後十餘年。
1968	50	由省政府新聞處出版長篇小說《坦途》，寫一個三輪車改業計程車的故事。
1969	51	立志出版社出短篇小說集《小蝴蝶與半袋麵》；中國時報推出劉枋執筆的《顧正秋的舞台生活回顧》。
1971	53	2月，長篇小說《誰斟苦酒》加上結尾後成書出版。12月散文集《我及其他》由三民書局出版。
1972	54	動手術開刀割瘤，自認記憶力衰退而停筆數載。
1975	57	黎明文化公司出版《劉枋自選集》。大地出版社印行《吃的藝術》
1976	58	東英出版社印行《假如我遇見他》；台北商務印書館出版短篇小說集《慧照大院的春天》。
1977	59	自辦「流芳出版社」，主編散文集《女作家的動物園》，隔年再推出《女作家的植物園》印行出版。
1984	66	9月參加第三屆中韓作家會議。
1985	67	原刊文壇雜誌的文章結集成《故都故事》由黎明出版，大地出版社於1988年再版。一系列採訪女作家的《非花之花——當代作家別傳》由采風出版社印行。
1986	68	9月《吃的藝術續集》由大地出版社印行。離開台北到佛光山拜星雲為師，於山上誦經參佛之餘，靜心寫作。
1987	69	《這位和尚這座山》自印出版
1990	72	電影劇本《六祖慧能大師傳》佛光出版社出版
2004	86	爾雅出版社重新編選劉枋短篇小說選集：書名《小蝴蝶與半袋麵》由該社出版
2005	87	年底由佛光山「福報文化公司」出版《前生今世因果在》。

【延伸閱讀】

1. 劉枋：〈自傳〉《劉枋自選集》，黎明文化事業公司，1975年5月，頁1~8。

2. 劉枋：〈天才誤我五十年〉《文訊》月刊第20期，1985年10月，頁266~274。

3. 鐘麗慧：〈五項全能—劉枋〉，《織錦的手》，九歌出版社，1987年1月，頁151~63。

4. 《小蝴蝶與半袋麵——劉枋小說集》，爾雅出版社，2004年8月1日。

5. 《前生今世因果在——劉枋文選》，福報文化公司，2005年12月30日初版。

世紀映像叢書

世紀映像叢書

國家圖書館出版品預行編目

文學風華：戰後初期13著名女作家 / 應鳳凰著.
--一版. -- 臺北市：秀威資訊科技, 2007[民96]
面； 公分. --（史地傳記；PC0013）

ISBN 978-986-6909-62-7（平裝）

1. 婦女 - 臺灣 - 傳記

782.632   96007450

 史地傳記　PC0013

文學風華—戰後初期13著名女作家

作　　者 / 應鳳凰
主　　編 / 蔡登山
發 行 人 / 宋政坤
執行編輯 / 賴敬暉
圖文排版 / 莊芯媚
封面設計 / 莊芯媚
數位轉譯 / 徐真玉、沈裕閔
圖書銷售 / 林怡君
法律顧問 / 毛國樑　律師
出版印製 / 秀威資訊科技股份有限公司
　　　　　台北市內湖區瑞光路583巷25號1樓
　　　　　電話：02-2657-9211　傳真：02-2657-9106
　　　　　E-mail：service@showwe.com.tw
經 銷 商 / 紅螞蟻圖書有限公司
　　　　　台北市內湖區舊宗路二段121巷28、32號4樓
　　　　　電話：02-2795-3656　傳真：02-2795-4100
　　　　　http://www.e-redant.com

2007 年 5 月　BOD 一版
定價：180元

讀　者　回　函　卡

感謝您購買本書，為提升服務品質，煩請填寫以下問卷，收到您的寶貴意見後，我們會仔細收藏記錄並回贈紀念品，謝謝！

1.您購買的書名：_____

2.您從何得知本書的消息？

　□網路書店　□部落格　□資料庫搜尋　□書訊　□電子報　□書店

　□平面媒體　□ 朋友推薦　□網站推薦　□其他_____

3.您對本書的評價：(請填代號　1.非常滿意 2.滿意 3.尚可 4.再改進)

　封面設計____　版面編排____　內容____　文/譯筆____　價格____

4.讀完書後您覺得：

　□很有收獲　□有收獲　□收獲不多　□沒收獲

5.您會推薦本書給朋友嗎？

　□會　□不會，為什麼？_____

6.其他寶貴的意見：_____

_____

_____

_____

讀者基本資料

姓名：_____　年齡：_____　性別：□女 □男

聯絡電話：_____　E-mail：_____

地址：_____

學歷：□高中(含)以下　□高中　□專科學校　□大學

　　　□研究所(含)以上 □其他_____

職業：□製造業 □金融業 □資訊業 □軍警 □傳播業 □自由業

　　　□服務業 □公務員 □教職　□學生 □其他_____

To：114

台北市內湖區瑞光路 583 巷 25 號 1 樓

秀威資訊科技股份有限公司　　　收

寄件人姓名：

寄件人地址：□□□

(請沿線對摺寄回,謝謝!)

秀威與 BOD

BOD（Books On Demand）是數位出版的大趨勢，秀威資訊率先運用 POD 數位印刷設備來生產書籍，並提供作者全程數位出版服務，致使書籍產銷零庫存，知識傳承不絕版，目前已開闢以下書系：

一、BOD 學術著作—專業論述的閱讀延伸
二、BOD 個人著作—分享生命的心路歷程
三、BOD 旅遊著作—個人深度旅遊文學創作
四、BOD 大陸學者—大陸專業學者學術出版
五、POD 獨家經銷—數位產製的代發行書籍

BOD 秀威網路書店：www.showwe.com.tw
政府出版品網路書店：www.govbooks.com.tw

永不絕版的故事·自己寫·永不休止的音符·自己唱